塀の中の
情報解析学

中国共産党
大解体

無期懲役囚
美達大和

ビジネス社

はじめに

近来、周知のように中国の台頭はめざましいものがあります。10年前に経済力で日本を凌駕（りょうが）し、アメリカに次ぐ世界第2の経済大国となり、コロナ禍の中で、いち早く復活した経済力は２０２８年にはアメリカを抜いて世界一になるという試算もあるほどです。

その中国と日本は古代から因縁浅からぬ関係にありました。西暦６００年からの5回にわたる遣隋使（けんずいし）に始まり、近代では明治時代の日清（にっしん）戦争、その後の中国人の日本留学ブーム、義和団（ぎわだん）の乱（八カ国連合軍侵華戦争）、近現代では日中戦争を経て、１９７２（昭和47）年の日中国交回復（正常化）から現代に至っています。

両国間の歴史についてのメインストリームは、「日本が中国を侵略した、日本が悪」というものですが、もし、これが真実であれば、「なぜ、日本は中国を侵略したのだろうか？」という素朴な疑問を感じざるを得ません。

主に米・英・オランダ・中国などを相手にしたあの戦争については、米・英・オランダについては自衛と主張する人々も、中国に対しては「日本の侵略」と答えることが少なくありませんが、小さな頃から何に対しても「どうしてなんだろう」という知的欲求と好奇心の塊だった私は、真実が知りたいという欲求に駆られて調べてみたのです。

もともと社会にいた頃は月に数百冊の本を読むビブリオマニアでしたので、日中間の歴史についても尋常でない数の本を読んできました。そればかりでなく、先の「昭和の戦争について善悪を抜きにして本当のことを知りたい」という欲求に従い、当時の日中双方の行為や世論を知るために、往時の新聞記事を国会図書館でコピーしてもらい、大量に送られてきたものに目を通しています。結果は本書中で詳述していますが、現在読める歴史書などは、結論、結果のみを述べたものであり、当時の双方の流れを無視した「なぜ、そうなったのか」という肝腎なことは説明されていないというものでした。

たとえば、皆さんもよく知っている満洲事変（1931年）は日本の関東軍の謀略とされています。このこと自体は否定しませんが、「なにゆえ、関東軍が謀略という形で紛争を起こしたのか」については、当時の流れを忠実に叙述した書は稀有であり、これでは関東軍だけに非があるという見方しかできません。

これが真実、史実であればいっこうに構いませんが、私が知りたいのは左右を超えた真実なのです。本当のことが知りたいという尋常ならざる探究心の他に、私には「自分が常に正しいのだ、ではなく、常に正しいことを知ろうと努めるのが大事」という強固な信条があります。自分が誤りであるならば、見栄も外聞も、また弁解もなく、さっさと謝って訂正するというのが私のルールです。そのために左右のイデオロギーのために、真実を都合のいいように曲げるということもしません。もちろん、日本人としての立場、解釈の仕方を全否定する気はありません。「日本人としてどう考えるのか」については、巻末に述べています。

というわけで、本書ではまず日中間の歴史、日中戦争の原因について掘り下げて叙述しました。満洲事変の真の原因、日中戦争の発端である盧溝橋事件（1937年）拡大の経緯とその理由については是非ともご一読願いたい内容となっています。日中戦争の経過、中国指導層の胸奥と行動、中国が主張する被害の実相についても同じように論じました。

それ以外にも、本書では、日中国交回復の背景、中国要人の意図の分析、反日思想教育の誕生の理由と経緯、中国の教育レベルと共産党員になるまでのハードル、天安門事件での日本の対応と中国へのＯＤＡ（政府開発援助）の供与、中国共産党の日本浸透工作、日本における親中派構築経過、中国のスパイ工作、尖閣諸島問題の淵源と現状、日中の軍備状況、中国プロパガンダの歴史、中国共産党と習近平国家主席の狙いなどなど、詳述いたしました。

中でも尖閣諸島の帰属問題については、今後の日本にとっては、大方の日本人が考えている以上に重大なことです。従来までは、日本の海上自衛隊が中国の海軍より優位とされてきましたが、近年では逆転されているという認識が一般的になりました。尖閣諸島は「日米安全保障条約第5条の適用範囲」と、アメリカの歴代政権が交替する折に常に言及されます。その度に日本政府もメディアも安堵（あんど）するという主権国家らしからぬ状況となって久しいですが、万一、中国が侵攻して来てもすぐに米軍が出動することはありません。日本は単独で、米軍が応援に駆けつけるまで何日間かを持ち堪（こた）えなくてはならないのです。その点につき、国民の間に正しい認識が浸透していないどころか、自主防衛、自主独立の足を引っ張るような言説まで流布しているのが現状です。本書では、尖閣諸島問題を淵源まで掘り下げ、中国がこの地域に食指を動かす事情についても縷（る）述（じゅつ）しました。

2021（令和3）年7月1日に結党100周年を迎えた中国共産党と習近平国家主席は、唯物主義、経済の発展・成功により、世界の覇権を握ると共に全世界から尊敬されることを標榜（ひょうぼう）しています。中国は従前の共産主義・社会主義の国々とは異なり、経済の飛躍的な発展を遂げ、アメリカと並びかけるほどの一大強国となりましたが、少数民族ウイグル人、チベット人、内モンゴルのモンゴル人などへの弾圧や香港問題、台湾問題、南支那海の沿岸諸国との領土問題など、民主的な平穏とは乖離（かいり）の大きい国家でもあります。

古代より中国は「天は高く皇帝は遠い」と称されたように、皇帝の絶対的専制政治が連綿と続いてきた国です。現在は習近平の独裁及び毛沢東（もうたくとう）時代の個人崇拝に回帰しています。この絶大な権力を手に習近平が求める「中国の夢」とは何なのか？　それを考える上での基礎情報を網羅しました。

　中国が貧しい国から経済大国への舵を切ることになった鄧小平の経済の改革開放政策、その後の国際社会での存亡の危機とさえ言われた１９８９（平成元）年の天安門事件の経緯などを詳述しました。当時の日本の中国擁護外交と対中援助が今日の中国の台頭をバックアップした点は見過ごせません。欧米諸国が自国の民衆に銃火を浴びせる人権と人命無視の中国への制裁を求めていく中、日本だけが擁護した背景は本書で確認してほしいのですが、そこには中国共産党の日本への浸透工作の成果が垣間見えるのです。

　鄧小平の唱えた「韜光養晦（能力を隠して、力を蓄え、力を発揮できるまで待つ）」をかなぐり捨て、主張を一方的に恫喝同様に展開する「戦狼外交」を繰り広げた挙句、それまで経済が蜜月の間柄だった欧州先進国の非難と関係の見直し、アメリカとの対立もあり、２０２１（令和３）年には、習近平より戦狼外交の見直しと中国の友となる国際世論の輪を拡大せよ、との新たな指示が出されています。こうした中国のプロパガンダの歴史についても触れていますが、重要なのは日本は隣国中国とどう向き合うかです。従前までは政治と経済は別というデカップリングが通用しましたが、アメリカと中国の熾烈な争いの中、日米同盟が命綱の日本は旗幟を鮮明にしなければならない局面が色濃くなっています。

中国にとっては、日本は先進国の中で最も「弱い輪（ウィークリンク）」であり、日本の取り込みや孤立を画策しています。単に中国共産党が日本に工作を仕掛けているだけでなく、すでに中国のスパイ、エージェントと化した政・官・財・学者の各界の人物がその意向に沿って活動しています。中国が日本から奪取したいのは富と技術力です。それは財力と人間関係を巧妙に利用したやり方が中心で、ごく最近まで日本は防止策も法律も不完全なままでした。現在は足りないながら、少しずつ整備されていますが、確固たる防止にはまだまだ遠いものです。

中国の軍事予算は今やアメリカに次ぐ世界第2位で、日本の約4倍にもなっています。またこの軍事予算とほぼ同額が国内の治安を守るために費やされているのも中国の一つの顔です。世界最先端とも言われるＡＩとデジタルを駆使した監視システムにより、民衆の中国共産党、習近平国家主席についての批判を厳しく統制し、言論のみならず行動の自由まで制限することが当然となっています。欧米先進国や日本ならば、こういったシステムには不満の声が出ますが、中国ではこのシステムに個人の信用格付け制度も登場し、社会の治安は改善され個人のモラルや公徳心の向上も見られて民衆自らが肯定的になっているのが現実です。

当初、アメリカをはじめ、世界の先進国は中国が経済的に繁栄すれば、政治も民主化されると考えていました。しかし、現実は中国共産党の支配がさらに強化されて来ているのです。相手によって国際法も平然と無視する異形（いぎょう）の大国と化した中国ですが、隣国である日本は大きく関わることゆえ気になるところです。単純に好き嫌い、付き合うか否かではなく、日本は自国民と国益を第一とした外交をして、国際社会で相応の立場を得なければ、国防が万全ではないだけにリスクとなります。

コロナ禍の影響により、国際社会での中国のサプライチェーンを含む経済の強さが如実に示されましたが、その強国を相手に日本がどんな道を歩んで行くのか、みなさんが考える縁(よすが)となれば幸甚の至りです。本書では皆さんの興味を喚起するために、あえて注部分を多くとっています。情報量をふんだんに盛り込みました。公正な歴史書として、中国の政治・政治システムのガイドブックとして楽しんで読んでください。

なお、最終章末尾では、中国共産党の未来及び崩壊の可能性、習近平国家主席の権力が長期化するか、リスクは何かについて触れています。

今回は拙著を手にしていただきありがとうございます。それでは、歴史と人物の息吹を感じる、日本と中国の歴史の旅に出発してください。

2021(令和3)年10月

美達大和

塀の中の情報解析学　中国共産党大解体——目次

第三章　戦後中国との交流

第四章　対中国：尖閣（せんかく）諸島と領土問題

第五章　日中の防衛力を検証する

第一章

塀の中の情報整理について

限られた時間を最大限活用するには？
真実追究の中で公正さを保つためには？

塀の中の日課について

まず初めに刑務所内の時間に関する規則や、余暇時間（社会での自由時間）について説明しましょう。

大別すると平日の作業のある日と、休日の作業のない日、これを刑務所では「免業日」と呼びますが、この二つに分かれます。平日は、起床の午前6時40分から、作業終了（午後4時30分）、点検（人員点呼で刑務所では重要なセレモニー、同4時45分）、夕食（同4時50分）後まで、読書・筆記の一切が禁止です。

以前は起床から作業開始までの間、点検と朝食時間を除いて約40分間弱は読書ができましたが、2019（令和元）年5月から禁止となりました。それに合わせて午前と午後、各10分間の休憩時間と昼食の20分間、作業終了から点検時間までの15分間の読書・筆記が一切禁止となり、何もしないで座っていることになり、小さい頃から「時間原理主義者」で「ビブリオマニア」の私には痛い規則となったのです。それまでは免業日は時間が惜しいので昼食・夕食を抜いて原稿執筆・読書・手紙作成などをしていましたが、これも食事時間は読書・筆記が禁止され、今は食べています。

近年の刑務所は規則を厳しくする、これを「業界用語」で「締める」というのですが、ぎゅうぎゅう締めるのが上級幹部職員(注)の条件になっているようです。受刑者(注)に優しく、規則を緩和する職員は上司からの評価も低くなり、出世にも響きます。

そのようなわけで、私は膨大な時間を失っていますが、これも罰のうちと諦観(ていかん)しつつ、常に何らかの対策を講ずる性質(たち)なので頭の体操、脳内活動に徹するようになりました。平日は午後5時10分頃に食事終了の号令がかかり、ここから午後9時の就寝時間の5分前の午後8時55分までが余暇時間（自由）となります。免業日は起床が午前8時で、点検と食事が終わると大体午前8時30分前後です。

受刑者は特別に模範囚の1類者(るい)(注)（約2人〜4人）しか時計の所持は許可されません。工場に出て作業をしていれば、反則行為がない人は最低でも3類。面会月3回（30分間×3回）、手紙月に5通（発信は月・水のみ）、サンダル、座布団の自費購入（自弁(じべん)という）、菓子購入月1回（これ、受刑者の大きな楽しみ！）が許可されます。

私は工場に出ないで24時間、独居（正しくは単独室）収容なので、よくても4類です。4類は

（注）上級幹部職員：1年〜3年ごとに異動する「看守長」以上の偉い人。帽子と袖に金線（金モール）が入っているので、「金線」とも裏で呼ばれている。締めることがお約束の人たち。

（注）受刑者：獄内ではチョーエキと呼び合うのが一般的。

（注）1類者：服役態度について審査があり、4月と10月に1類〜5類まで指定される。菓子購入、手紙の発信回数、面会の回数、サンダル、座布団が自分で買える、など待遇に差がある。

菓子・サンダル・座布団の自弁なし、月に面会2回、手紙5通、テレビなしの生活です。仮釈放の対象にもなりません。どっちみち社会には出ないで、ここで終わるのでかまいません。

免業日は昼食が正午から15分間、夕食が午後4時頃から15分間、この他に朝と夕方の点検時（約5分間×2回）以外は読書・執筆ができます。その間、午後1時～3時まで、布団を敷いて寝られる「午睡（ごすい）」という時間がありますが、他の受刑者と違って私は寝たことがなく、机に向かっています。午睡では筆記が禁止（読書は許可）なので時間がもったいないのです。

それに人間は死んだらずっと寝ていられるので生きている間はしっかり働け！という父の言葉もあって、目の前のことに懸命に取り組むのが自分との約束になっています。

冬であろうとも布団に入らず（午後5時30分から布団を敷いて寝られる）、ぎりぎりまで机に向かっているのが私の生活です。「時間は命」なのです。

読書について

読書については、２０２１（令和３）年前半は膨大な資料を読み込んでまとめる「近現代史」の原稿も書いているので、月に50冊～70冊前後ですが、通常は外からの差し入れと、刑務所の備え付け図書(注)を含めて月に１００冊以上読んでいます。最高は月に２５０冊ですが、このくらいの量になるとノートにメモする時間はありませんでした。読書では必ずメモを取るのが習慣です。

９年前からインターネット上で書評（レビュー）もやっているので、そちらの読書と原稿も書かなくてはなりません。このレビュー、タメになるので一度は見てください。

私は決して大袈裟（おおげさ）ではなく、余暇時間には1秒たりとも何もしない、ぼうっとしていることはありません。時間との戦いで、これは生きている間は続きます。

社会にいるときは、月に単行本が１００冊～２００冊（年末年始、連休があるときは３００冊以上）、週刊誌20誌以上、月刊誌80誌～１００誌以上、新聞は株や各種業界新聞も含めると、やはり10紙や20紙は超えますが、とにかく速読と、小さい頃から毎日、記憶力の鍛錬（放っといても自然とやってしまう）をしてきたので、有利な武器になっています。

読書は、３歳になる前に、母に絵本を読んでくれと度々せがんでいたので文字を教わって自分で読むようになり、以来、ずっと本の虫です。母には感謝しています。本さえあれば、いつでも、どこでも没頭できる子でしたし、今も変わりません。

読書のときは刑務所にいる、受刑者であることを忘れて集中するだけです。拘置所に約3年弱いましたが、差し入れされた本は４００冊を超え、他に雑誌も２７００誌と記録係の人がこんなに多いのは初めてだというくらいに読んでいたものです。

（注）備え付け図書：官本というのが普通。平日のみ1日に2冊まで借りられる他、特別官本があり、週に3冊まで借りられる。古い本が多いが、私のいる刑務所は質が良く、30年前、40年前の本は少ない。

本の選択と手に入れる方法については、まず、新聞・雑誌などの広告、書評、購入した本についている案内、インターネットの書評などをチェックして、自分で買うか、社会の人に毎週発信する手紙で頼みます。刑務所内では、毎月、雑誌5種類、単行本5冊まで買えますが、私はこれではあまり買いません。月刊誌については広告を見てから頼むことが多いです。

社会で私の手足となってくれる人が、その本を買って私の元に差し入れ（郵送）してくれ、手元に来るまで約3週間、超特急でも2週間かかります。刑務所は送られてきてから、すぐに手元に来るわけではありません。内部に伝言、暗号、違法な物が入っていないか、内容がふさわしくないか、などを調べる「検閲」があるからです。その後、配本日（はいほんび）といって毎週、週末に配ってくれます。四半世紀以上服役している私ですが、今もこの日が楽しみで仕方ありません。

ただし、書店で手に取って選ぶわけではないので、ハズレ本もあります。少しは、失望しますが、どっちみち買うのだから、その本がハズレとわかっただけでもいい、と折り合いをつけています。無駄な本に費やす時間が惜しいので、2ページ1秒くらいでパラパラと見るだけです。そのため、書評をする人の特性を把握しておきます。

また読んだ本は原則として免業日（土・日）しか持たず、月曜日には社会の人に送る手続きを取ります（これを宅下（たくさ）げと呼ぶ）。なぜなら、受刑者は部屋で持てる荷物の総量に厳しい制限があり、オーバーしていると、差し入れが入らず、不許可となるのです。多くの受刑者は、オーバーしていても、社会に送り返す旨を言うものの、平気で嘘が言える人が多いので、余計に私は気を付け、どんなに本が届いてもオーバーすることはありません。週に40冊以上入ったときは本当に戦争状態になりますが、何とか読了して宅下げしてきました。

良書に出会ったときには読了するのが惜しくて、残りのページを気にしつつですが、時間が限られているので、本とは「一期一会（いちごいちえ）」です。これは社会にいたときから同じです。それだけに緊張感を伴って読みます。

その他の資料についてと公正さ

本以外の資料については、社会の人が私の志向を知っていて、差し入れしてくれる物と、私から頼む物があり、誠にありがたいことに平日は毎日送られてきます。送ってくれる人の献身的な行為には、ひたすら感謝しかありません。

資料を頼む際には本・雑誌・新聞で知ったものが主流です。インターネット情報についても同じか、または社会の人が「こんなのがある」と送ってくれたりします。社会にいた頃、情報の量、新しさで私は圧倒的でしたが、塀の中では100分の1以下になりました。それでも蓄積したものがあるので、読書には役立っています。

仮に社会にいればインターネットでも大量の情報を得ているでしょうが、そのぶんノイズも多いはずです。子どもの頃から異常な質問魔なので、一つのテーマを扱うと際限なく読書、資料読みをして調べまくるのが常です。

私が自分に課しているのは、「自分がいつも正しい」のではなく、「本当に正しいことを追究していること」です。なので、自分が間違っていたなら、それを訂正せずにはいられません。それは恥でも不名誉でもなく、自他に誠実なことです。自分が間違っていたと認めないことの方が、恥であり、自分の知の質を上げるには大きなマイナスになります。読書でも資料の読み込みでも、先入観はありませんが、既にその分野について熟知しているときは、別の視点、あるいは珍しい視点、ユニークな情報を探すようにしています。

一つの分野について詳しくなると、この著者は偏向している、正しいとは言えない、というのがわかり、無駄な時間を費やさなくてすみます。金品は取り戻せても、失った時間(注)は取り戻せません。私にはこれが最も痛いことです。

時間についての観念は中学生のときに確立し、今も基本は同じです。人より密度(時間あたりの処理量を上げる)を濃く、稼働時間も長くすれば、一度の人生で2回、3回分の人生を過ごすことができ、他者の活動時間の何倍もの効率と成果が付いてくる、というもので、もともと子どもの頃から寝ない方だったので、1日に3時間か4時間眠れば十分でしたし、徹夜も容易でした。今も変わらず、就寝時間中は何もせず、寝ているという規則ですので、頭の中だけフルに働かせています。そうして、原稿の内容を考えているので、書くのも早い方です。当然、手書きですが、以前は日に70枚というときもありました。これは新聞を読み、手紙を作成してのことでしたが、資料など見ないで自分で考えたことだけ書き続けた結果です。

塀の中ではとにかく「速さ」が最大の武器になります。資料の類としては、所内で自費で新聞購入(注)しているほか、社会の人が新聞を差し入れしてくれます。ただし、これをそのままやると、差し入れを頼む受刑者が多くなり、係の人はそれらを検閲する時間に追われて、通常の業務に支障をきたします。そのため、新聞はあくまで「記事の切り抜きのみ許可」となっているので、各紙面をチョキチョキ切っていないと入ってきません。

これを毎日やって送ってくるのは大変な作業と費用もかかるので滅多にいないものの、私には我が身、我が時間を削ってまで差し入れしてくれる人がいて、おかげで日々の情報にも接することができます。この人は、それこそ、新聞、他インターネットの資料、本などそれぞれを2、3日に一度ずつ、ほぼ毎日のように送ってくれるのです。並の支援ではなく、どんな物も隅々まで読み込み、このような原稿に反映させています。本当に頭が下がるばかりです。他にも何人か新

(注) 失った時間：読書時間として、冬は免業日のみ起床前1時間、3月～9月は平日起床前40分間、免業日起床前2時間、床の中でのみ認められている。

(注) 新聞購入：買わない人は1日20分のみ刑務所の新聞を読むことができる。

聞を切り抜いて送ってくれる人がいて、こんな私のためにと感謝の念に堪えません。

当然、そのような物も荷物量の制限があるので保管しておけません。そのため、本書のように本・資料を大量に要するときには、いかに効率よく、読書し、記憶と記録を分けるのか、と努力が不可欠になります。なんでもメモするようになれば時間がかかってしまい、書く時間、読書の時間が減ってしまうのです。

時間の使い方で気を付けていること

時間は命、時間がすべてなので、極力、ロスを最小限にすべく生活しています。

毎食後、約１リットルのお茶が配られますが、朝食時は飲まず、昼食時には１杯だけでやめます。生来、私は用便が近い方なので、用便中は読書も禁止されているため、回数を減らさねばならないからです。

また、時間には大きくまとまった時間と、細切（こまぎ）れの短い時間、他の部屋からラジオ[注]の音が聴こえてくる時間と、静かな時間など、その時々の性質によって、やることを分けています。重要なことは大きく（正しくは、長く）まとまった時間を有効に使うことです。ラジオ放送については、私が聴くのはニュースと、免業日の日曜日などのＦＭで洋楽が入ったときくらい（３週間に１回）にしています。

読書では、①熟読、②通読、③速読、④資料としての読書、⑤ハズレ本によってスピード、時間を変えるのが長年の習慣です。

①はなかなかありませんが、ゆったりした気分で読書できたらどんなに贅沢だろうかと考えています。②がメインですが、メモを取るので、1冊30分で読んでも、さらに15分や20分、中身が濃い本は30分～40分とかかってしまいます。単に内容を把握するだけならば、20分もあれば十分で、新書なら10分～15分で読了です。③はその分野について熟知しているときであり、新しい情報、ユニークな視点探しが目的になり、所要時間は5分～10分で済みます。④はパラパラと探すという読書、かつ、原稿に使うために、どこに何が書かれているか、半分をざっとメモ、残りは覚えておきます。ページ数を覚えるのが特技（私の記憶力[注]はトレーニングによって、いい方です）なので、塀の中では助かっています。⑤は3分くらいで読了です。

毎日、何か一つでも新しいことを覚えるというのが私のルールですが、記憶については日々の訓練で飛躍的に向上させることが可能になります。ただ、多くの人はその訓練を続けられないというだけのことです。

（注）ラジオ：ラジオのスイッチは自分で操作。しかし、受刑者は音量を大きく（4段階に分かれている）して聴くので、廊下から聴こえてくる。平日は午後5時30分より、免業日は午前9時15分より、就寝まで放送がある。

（注）記憶力：これらはすべて、ここで職員や受刑者の前でやって見せたが、30人分の生年月日は2分、歴代天皇（126代）は20分、日本国憲法条文は3時間、刑法条文は6時間で丸暗記。

私は始めたことはやめません。塀の中では本当に時間が限られているので(注)、読書の次にノート(注)にメモをする時間の配分も重要ですし、何でもメモをしていると、今度はノートが増えて、処分しなければならなくなり、「知の結晶」のノートを捨てるのは断腸の思いでもあります。コピーを頼むにしても相手も忙しいので最低限です（やってくれることを知っているので、あまり頼みません）。なお、私のいる刑務所(注)では、付箋(ふせん)は使えず、本への書き込み、マーカーの使用も不許可になっています。

そのため、出版社から送られてくる原稿・ゲラも書き込みできず、さらに送付には約1カ月の検閲期間があり、編集者には申し訳ないシステムです。提出できる原稿用紙は月に100枚までとなっているのもなかなか厳しいシステムです。時間・荷物量・検閲と制約が多いものの、どんな環境下でも、やるんだという気持ちがあるので、普段は不便を感じません。編集者と連絡を取る、原稿のやり取りをするときのみ、不便を感じます。

どうやって正確な判断をするか（フェアネスということ）

私が中学生のときから意識してきたことの中に「正直さ」「公正さ」というのがあります。一つのテーマにつき、たくさんの本を読むのが常だったので、著者によっていろいろな見方、主張があるのは早くから知っていました。知りたがり屋、質問魔の私は、とにかく本当のこと、真実が知りたいので、それらのテーマについて納得がいくまで読み漁（あさ）ったものです。その過程で、いくつかの主張、多くの著者の特性、傾向、流れが把握できます。

さらに社会では専門の詳しい、もっと深い内容の資料も集められ、ほぼ、これが正しく公正であるという結論が得られるのが常でした。現在も基本はこの通りですが、大事なことは自分のイデオロギー、主義、思想には、こだわらないようにして、何が正しく、公正かのみを求める精神、習慣です。

幸いなことに学生時代から私は、好き嫌いによって評価、見方が変わる、歪（ゆが）むということはありませんでした。一般的な嫌いだから低評価・評価しない、あるいは好きだから高評価・過大評価が「全く」ないのです。恋愛をしても、喧嘩（けんか）をしても、何をしても、評価に私情が入らず、「あばたも笑（え）くぼ」になることなく「あばたはあばた」でした。

ここでも工場で班長（親方と呼ぶ）になった際、担当職員に受刑者の中で誰を補助として使う

(注) 限られた時間：社会と違って徹夜もできず、日々の時間割も決められている。

(注) ノート：ノートは用途が自由な「雑記帳（ざっきちょう）」1冊、学習用3冊まで所持できる。通常の大学ノートが主流（50頁綴り）。

(注) 私のいる刑務所：刑期10年以上で、犯罪の傾向が進んでいる（悪質）、暴力団関係者、再犯者を収容するLB級。Lは長期、ロングのL。Bは再犯者用施設のB。悪の頂点の刑務所。しかし、職員の親切さは日本有数。異動する幹部は別。

のか、と尋ねられ、仕事のできる人を推薦した折り、職員は「あいつは美達の嫌いな奴だろ」と驚いていましたが、仕事ができるという評価を公正にするのが自分なのだという矜持があります。逆に、好き、仲が良くてもダメなものはダメ、というのが私の生き方になっています。

合わせて、社会で称される権威にも流されることはありません。近現代史をはじめ、その分野の権威・識者と称されている人物でも誤っている人はいくらでもいます。そんな人の本が、ネームバリューで、よく知らない人たちに売れているのは事実です。近現代史、歴史に限れば私にイデオロギーはなく、尋ねられると「右でも左でもない、俺は真ん中だ！」と答えてきましたし、胸奥でもその通りなのです。

イデオロギーによって史実・事実を歪曲する、誤った知見に固執することを「不実」「不名誉」「恥」とも認識しています。私が知りたいのは、まずは「真実」で、次に「なぜ、そうなったのか」という動機と、そこに至る背景、人々を動かしたもの（空気、世相を含めて）なのです。

どうやって事実を究明するか

今回は「近現代史」がテーマなので具体的に叙述しますが、日本では社会・歴史・学界を問わず、勘違い、思い込みがあるようです。それは、日本の過去の歴史が正しいと主張する人は、「日本に悪はなく、正義であり、悪は相手にあった」という前提で、逆に自虐的、何でも日本が悪いと主張する人は、「何から何まで日本は悪で、加害者だった、相手はどこまでも被害者だった」という前提を崩しません。

結果としてこれらの両派の人の書く歴史、近現代史は白黒、二項対立、善悪二元論、正義か悪かでしかなくなってしまいます。俗にいう、右派は、日本の悪を書かず、左派は日本の善を書かず、私からすれば「イデオロギーによって史実を歪曲している書」ばかりが跋扈、普及するようになったわけです。事実、史実より己のイデオロギーを優先させ、肝腎なところから目を逸らした結果です。

自他共に不誠実な態度であり、物事を学ぶという姿勢とは程遠いものになっています。日本が正しかったと語るためには、一点の曇りもあってはならない、一点の瑕瑾もあってはならないと考えているのです。他方、日本が悪かった、何でも悪いと日本を貶めたい人は、たとえ一点の瑕瑾があろうとも、それがあたかも全体であるかのように誇張し、相手の悪に目を向けようとはしません。

少なくとも世界の主要国を眺め回して見れば、正義一辺倒の国はなく、どこの国にも歴史上の悪、汚点、恥部を抱えています。先の戦争にしても同じです。日本の美点のみをことさらにクローズアップしての正義とはニセモノであり、その逆に日本の悪のみを糾弾するのもニセモノでしかありません。

善悪両面をよく見て、そこに至る過程、さらに現代の書にはなかなか描けない、その当時の世論、世相、空気をも調べた上で、判断する態度が正しく公正なのです。近現代史、歴史の書の多くは、当時の世論、世相、空気を捨象（しゃしょう）し、いきなり△△がありました、とか、前段階をすっ飛ばして目的は××でした、と表層のみを論じているものが多く、そこに至るまでの過程、そこで起こった出来事の持つ意味、関係者の声を除外しています。

関係した人々の回顧録や手記（これもすぐに信じてはいけない）を読むと、真相は別のところにあった、社会で流布している説は違っていたということが多々あります。こうしたことを地道に組み立てていくと、時には、いいえ、多くは異なる景色が見えてくるのです。それが私の知りたいということであり、正しく公正でありたいにつながっています。

いずれにせよ、多くを読み込んでいくと、偏向した本がわかってくるので、それを除外し、稀少（きしょう）な情報、より深い情報を得て、考えていく態度が必要です。また、正義のみ、悪のみということは少なく、両方ありながら、相対的にはどの程度のものだったのかという評価・判断ができなくてはなりません。その点で右派、左派ともにイデオロギー優先の傾向が強いので、正確と公正さに欠けるきらいがあります。

極力、正確な本を選ぶということでも、この件については必ずこれを書いていないとならないのに省いてある、というものは薦められませんし、白か黒か、どちらかしか書いていないというのも誤った知識の元になります。山ほどの本を読んで、どっちなのだろうと考量を続けているときは、当時の1冊の回顧録、当時の新聞のコピーで「あっ、そうか」と氷解することが少なくありません。今回の中国の歴史でも、ある人から送られてきた当時の新聞記事の大量のコピー(注)が大いに役立ちました。ありがたいことです。

何よりも当時の社会の世論、空気、人々の生の声が載っていて、現代の歴史書の記述とは違うということがわかります。そこには相手（国）との対応の中での社会の感情や怒りが生々しく表現されていて「なぜ、そうなったのか」がよくわかるのです。往時の政治家・軍人・識者・一般人・メディアの声が伝わってきます。そうしたことも加味（ここでも、それのみを過信せず）して考えることも重要なことです。

そして、偏った情報は捨てます。できるだけ、その時々の時代背景や思潮を調べ、自分がそこにいたらどのような思いを持つだろうか、どの主張に賛同するか、何を感じるかを考えてみます。

近現代史、歴史の本を読むときに留意したいことは、右派の人は日本の正義を過剰に書き、悪を書かない、左派の人はひたすら日本の正義は書かず悪を書く、しかも誇張を超えて「ないことや歪曲する」人が少なくないです。以前なら右派の人の方が主張が強かったのが、今は左派の人

（注）**新聞記事の大量のコピー**：国会図書館でコピーできる。明治の新聞に至っては、叙述にも人情、感情が籠もっていて面白い。

が強く主張し、中には暴論・暴言に近いことも多くなっています。私にすれば、本当に右左どっちでもよいことです。

仮に日本が悪一辺倒としても、私を育（はぐく）んでくれた国ですから、ひたすら貶める、嫌悪する心情はありません。悪につき、しっかりと検証し反省の上、繰り返さないだけの話です。重要なことは事実は事実として、正しく公正に見る、判断はその上に立ってからという姿勢を守ることです。他に大事なことは、信頼の置ける書き手、識者を見つけることで、私にも何人かいます。しかし、生来、懐疑的なので鵜呑（うの）みにはしませんし、自分の内で権威にもしません。そのような人と、今、社会で人気のある書き手は必ずしも一致していないのが残念です。

私は自分のレビューで、近現代史の他に、現代社会で争点や問題になっていることについてあれこれ述べていますが、何よりも正確さと公正さを第一義にしています。万一、誤りとわかれば迷わず、謝罪と訂正をするのは当然のことです。

情報整理、取捨選択

これまで説明してきたように「たくさん読み込む」「個人の回顧録、手記（ミクロの目を持つ）」「当時の新聞」などを総合的にクロスチェックすること、さらに自分の洞察力を働かせて、流れを考えることも情報・資料の取捨選択に役立ちます。各種情報（新聞、書籍、インターネットの資料など）は、ノートにメモしますが、規則により所持使用できるノートが少ないので、その概要のみをメモする、グラフ、表など複雑なものは要点をメモする他、その媒体が何であるかメモしておきます。

ノートの最初のページに目次・索引表を作り、それを見れば欲しい情報がすぐに見られるようにもなっています。皆さんが見たら、その書き込みと分野の多さに驚かれるかもしれません。私にとっては貴重なノートです。資料で保存するのは、手に入りづらいもの、内容の濃いものに限りますが、荷物量の制限があるので定期的に整理して捨てます。

まだまだ、近現代史、政治、戦争について書きたいことが山ほどあるので、可能な限りは保存しておきたいところです。本になればいいのですが、頑張るしかありません。

もともと出版は、私と親しかった模範囚との話がきっかけになって始めました。「塀の中の受刑者はすべてを諦めて、ただ出所を待つ、その間、生産的なことは何一つやらず、収入も得られないのが当たり前になっていますが、美達さんでも同じでしょうか？」——これで、よし、何かをやってやろうとなり、条件として他の受刑者でもできるように、経費が掛からず、社会の人の手を借りず、自己完結できることは何か？　というので本を出せばいいのでは、と出版業界のことを知らずに短絡的に始めたのでした。

初めから「商業出版（自費出版ではなく）」のハードルの高さから一層よーし！　と意気込んで

やろうという思いが錯綜するものの、実力の足らないぶん、周囲の人に恵まれ、現在まで14冊が刊行となりました。

私は常々、どんな環境・境遇にあろうと愚痴はなく、そこで最善を尽くさねば気がすまない性質なので、必ずしも順調とはならず、難儀していますが、支援してくれる人もいて続いています。

塀の中では社会と異なり、メディアによる情報の多さとは無縁の世界ゆえ、ノイズ（フェイクニュースやデマなど）に惑わされない面も否定できませんが、そのノイズを分別する能力があれば、とも考えています。そうしたノイズがなく、やっていること、起こっている現象だけを見る、というのは正確、公正な判断に寄与しているということも十分に認められますが。

その他に感じるのは、刑務所ゆえに限られた公開情報を情報源とするオシント（ＯＳＩＮＴ：open source intelligence）だけでも何とか本が作れるということでした。私が最も皆さんに伝わってほしいことは、正しさ、公正さを伴った真実です。その点につき、過去からの蓄積が役に立っているほか、この中だから余分なもの、夾雑物がないことも利点かなと感じています。

『ガリバー旅行記』を書いた風刺作家のジョナサン・スウィフトは『政治的嘘の芸術』（１７１０年刊）というエッセイの中で、「嘘は飛び回り、真実は足を引きずりながら嘘を追っている。人が真実を知ったときにはもう手遅れだ。戯れ言は終わり、嘘が効果をみせている」と語りましたが、現代も同じです。

それ以外にも私たちには、自分がそう思った、考えたことは正しいとし、それに合わない情報を排除・無視しようとする「確証バイアス」があります。インターネットの世界では、これに加えて、同じ思想・考えを持った人同士だけが交流し、その同じ思想・考えを増幅してしまう「エコーチェンバー（反響する部屋）」というものもあり、それらに流されず、正しく、公正に判断することが難しくなっている時代です。

そうした中で正確さ、公正さを追究するには質と量、ともに充実させることと、自分の主義・主張にはこだわらず、虚心に真実に目を向ける試みが必須(ひっす)条件となります。懐疑心を持って、そうした試みを重ねていく先に、核心、真実が待っている、私は、そう信じてきました。

本書とのご縁が、皆さんに真実を届けるきっかけとなれば幸いです。ここから、少しの間、これまでの知見や思想を留保して、どうか虚心に読んでくれることを切望します。

では、日中の歴史の真実の旅に、ご案内しましょう!!

第二章

ねじ曲げられた中国との歴史

なぜ中国は、反日教育をするのか?
なぜ、真実が報じられないのか?

中国と国交回復後、友好関係にあったはずが……

◉日中国交回復の裏に、国際情勢問題があった！

大東亜（だいとうあ）戦争が終結して本年で76年となりますが、いまだに中国との間においての歴史に決着はついていません。歴史のうえで定まっていない南京大虐殺（ナンキンだいぎゃくさつ）を30万人以上の被害者という数字と共にユネスコ記憶遺産に登録し、中国はことあるごとに日本に対して過去の歴史を反省せよと国際的な反日運動を展開し続けています。それに対する批判など意に介さず、いっそう日本を非難し続けていますが、この章では、そこにはどんな事実があるのか、そしてそれを永続させるためにどんな教育がなされているのかを検証してみました。

日本が戦後、中国と国交を回復したのは１９７２（昭和47）年９月の田中角栄首相の訪中によってでした。このときの中国の代表は、毛沢東主席と周恩来首相です。

９月25日の第１回首脳会談の場では何事もありませんでしたが、その晩の歓迎の宴で問題が起きました。

田中首相が過去の日中戦争について「わが国が中国国民に多大のご迷惑をおかけしたことについて」とスピーチをしたところ、会場がざわめいたのです。

理由は「多大なご迷惑をおかけした」という言葉を「添了很大的麻煩（ティエンラーヘンダーダマーファン）」と訳したからでした。

「添了麻煩（ティエンラーマーファン）」という言葉は、うっかり迷惑をかけるとか、手を煩わすなどの軽い意味で用いられる言葉だったのです。日本側は「很大的（ヘンダーダ）」という「とても」というニュアンスを加えたつもりでしたが、中国側に明らかな不快の念が表れました。

この中国語訳は日本の外務省が担当していますが、誤訳ではなく、当時の日本の世論に配慮した末の精いっぱいの表現だったと、時の橋本中国課長は述べています。

翌日、田中首相と周首相の会談では早速、周首相から「表現が軽く、女性のスカートに水をかけたときに謝るのに使う言葉だ」と指摘されたのです。

田中首相は、誠心誠意の謝罪の語であるが、適当でないならば中国の習慣に従って変えてもいいと答えて、話を収めています。

その翌日の9月27日。毛主席の書斎で行われた田中首相と周首相の会談は、毛主席の「喧嘩（けんか）は、もうすみましたか（注）」という歴史に残る言葉から始まりました。

両首相の会談と並行して、大平正芳（まさよし）（のち首相）外相と、姫鵬飛（きほうひ）外相の会談では、共同声明の文言について主張が交わされ、「過去、戦争によってもたらされた苦しみと損害に対し、深く反省の意を表明する」という日本側の案に、姫外相は「苦しみ」を削除し、「責任」を追加した

（注）喧嘩は、もうすみましたか：「喧嘩は避けられないものですよ。喧嘩をしなければ、本当に仲良くはなれません」という意味。

「日本側が過去、戦争によってもたらした重大な損害の責任を深く反省する」と提案しました。「責任」とは何を指しているのかという大平外相の再三の問いに、姫外相は「損害を与えたことに対する責任」というだけで特別の意味はないと答えています。

日本側は「責任」の表現を受け入れて、さらに「痛感」という語を加え、「日本側は過去において日本国が戦争を通じて中国国民に重大な損害を与えたことについて責任を痛感し、深く反省する」という共同声明の表現が完成しました。

しかし、日本側は、田中首相と大平外相の属する自民党内の「親台湾派」から、それは土下座外交だと反発される懸念から、謝罪した事実を隠そうとしたのです。

戦後の日本は、１９５２（昭和27）年のサンフランシスコ講和条約で独立し、その後、「中華民国（台湾）」と国交を回復していました。

政治の世界では社会党などの左派は、中華民国（台湾）ではなく、中華人民共和国（現・中国）との国交回復を望んでいましたが、政権与党の自民党内も「親台湾派」と「親中国派」に分かれていたのです。

そのために、田中首相の最初のスピーチでも、強い表現での謝罪ができなかったという事情があったのです。その後、中国との国交が回復すると、台湾とは国交断絶となっています。

このとき、毛主席、周首相共に日本の戦争責任(注)については、あくまで「軍国主義が悪いのであって、日本人民は悪くない」、「中国人民と共に被害者でもある」と日本側に述べていました。

とは言っても、この言葉には中国の置かれていた国際情勢が表れていたのです。

戦後、同じ共産主義国として、ソ連が兄、中国が弟のように外交を重ねてきた両国でしたが、あることを機に険悪な関係に陥りました。その結果、中国は、大国ソ連の脅威にさらされていたという背景がありました。あることとは、１９５３（昭和28）年にソ連の独裁者スターリンが死去すると、フルシチョフがトップとなり、公然とスターリンを批判したのです。中国の毛はスターリンを信奉してきただけに、そのフルシチョフの態度に強い不快感を持ち、以後、両者の関係が悪化しました。そして、それに対抗する目的でソ連の敵であるアメリカ、その同盟国として日本と国交回復の道を模索していたのです。そのために毛主席は、日本に過去の戦争についての責任は深く追及することなく終えたという経緯があったのです。

その後、毛主席と周首相の没後、実質的なナンバーワンであった鄧小平（とうしょうへい）副首相と福田赳夫（たけお）首相との間で１９７８（昭和53）年10月、「日中平和友好条約」が批准され、鄧副首相が来日して

（注）戦争責任：１９６４（昭和39）年7月9日、毛沢東が第2回アジア経済討論会に参加した際、日本代表の南郷三郎氏（元日本貿易振興会会長。１８７８年生まれ、１９７５年没）が日中戦争についての謝罪を（毛沢東に）したところ、毛沢東は、日本帝国主義が第一に蔣介石（しょうかいせき）を弱めた、第二に共産党が支配する根拠地と軍隊を発展させることができた、（中略）日本はわれわれに大きな助けをしてくれたのではないか？　などと述べた。この発言は中国共産党中央文献研究室がまとめた『毛沢東外交文選』にある。

います。

このとき、福田首相は「（日中関係は）今世紀に至り、不幸な事件が続き、深く遺憾なことであったと反省している。この反省の上に立ち、再びこのようなことは繰り返してはならないと考えている」と謝罪の意を表明したのに対し、鄧副首相は「中日両国には2000年にわたる交流の歴史がある。この間の不幸な何十年かは歴史の流れの中の不幸な挿話に過ぎない。1972年に国交正常化を行ったが、この共同声明により両国間の不幸な期間は既に終止符が打たれたというべきである」と答え、過去のことは解決ずみということになりました。

このときに来日した鄧副首相は、日本各地の産業や新日鉄、松下の工場なども見学し、その発展ぶりに驚き、のちの経済開放のモデルとしたのです。鄧副首相の親日的な言動は、テレビを通じて連日、報道され中国ブームが起こり、中国に好感を持つ人の割合が7割を超えるほどでした。

その直後、2頭のパンダ、ランランとカンカンが上野動物園に貸与されたことで、中国ブームは最高潮に達します。これを知った中国は、以後友好を深めたいとする欧米諸国に対し、パンダを「外交使節」として貸与するようになり、それは現在でも続いています。

では、日中間に横たわる歴史問題は解決したのでしょうか。いいえ、これら一連の日本に対する理解と友好的な言葉の裏には、中国が抱えていた国際情勢問題がありました。

その主因はソ連とベトナムの急接近です。日本と平和友好条約を交わした翌月の1978（昭和53）年11月、ベトナムは軍事同盟にあたる友好協力条約をソ連と結び、それを後ろ盾として12月末にカンボジアに侵攻しました。

一方中国は、1979（昭和54）年1月、アメリカとも国交[注]を樹立し、アメリカの暗黙の了解を得た鄧副首相は、懲罰としてベトナムに侵攻しました。

この背景にはソ連と対立しながら、軍事的には圧倒的に劣勢[注]だった中国は危機を感じていたので、なんとしてもソ連と対立していたアメリカを味方にしなければならない事情があったのです。

他方、アメリカも深刻な事情を抱えていました。ソ連が軍事的・科学技術的にアメリカを上回る[注]ようになったことに加え、南ベトナムを支援するために介入したベトナム戦争が泥沼化し、国

（注）アメリカとも国交：鄧小平が渡米する飛行機の中で通訳の李慎之（のちに中国社会科学院副院長）が、「どうしてアメリカと仲良くしなければならないのか」と問うと、鄧小平は「アメリカと仲のいい国はみんな豊かになっている。しかし、ソ連と仲のいい国はボロボロだ」と答えた。

（注）軍事的劣勢の中国：中国とソ連は1969（昭和44）年3月、軍事衝突に発展。極東ウスリー川の中洲、ダマンスキー島（珍宝島）で紛争。7月、アムール川（黒竜江）の中洲、ゴルジンスキー島で、8月、新疆ウイグル自治区タルバガタイ（塔城）地区チャガントカイ県で紛争が発生し、9月に停戦合意。しかし、両国は国境を挟んで対峙し続けた。このとき、中国は人員こそ多いものの装備の古さ、兵の練度で、最新式装備のソ連に大きく劣ることを知り、毛沢東は「恐ソ連」となった。

（注）ソ連の軍事・科学技術力：当時のソ連は200個師団以上で約550万人の兵力。1957（昭和32）年、世界初の人工衛星スプートニク1号打ち上げ成功。1961（昭和36）年、世界初の有人宇宙飛行に成功。アメリカは面目を失っていた。

内には厭戦気分と反戦運動が膨れ上がり、なんとか撤退したいところでした。北ベトナムを支援していたのはソ連と中国でしたが、両国には対立があり、中国を交渉の相手として撤兵したい目論見があったのです。さらに、ソ連と対抗するために中国を取り込んでおきたい思惑がありました。

こうして双方の思惑が一致し、突如としてのアメリカ・日本との国交回復となったのでした。このような事情があったので、鄧副首相はアメリカと日本に対しては、友好的な状態を望んでいたのです。

何が日中間の友好を壊したのか

◉蜜月の日中関係に何があったのか⁉ 中国共産党の思惑を探ってみる

親日派であった鄧副首相は、1978（昭和53）年12月、「中国共産党十一期中央委員会第三回全体会議(注)」で、党の主導権(注)を確かなものとしましたが、その後、友好関係に陰りが見え始めました。1982（昭和57）年の「教科書誤報問題(注)」、1985（昭和60）年8月15日の中曽根首相の靖国神社公式参拝問題が発生したからです。

これらは共に中国共産党内の派閥争いの影響によるものでした。

1976（昭和51）年9月9日にカリスマ的存在とされていた毛沢東が亡くなると、鄧小平が実質上の指導者となるものの、党内は「改革派」と「保守派」の二つに割れることになったのです。改革派は、中国の政治と経済において民主化の道を主張し、保守派は共産党が主導する社会主義の道です。改革派は、鄧を筆頭として、胡耀邦（注）、趙紫陽らで、保守派は鄧と並ぶ党の長老である陳雲、胡喬木、鄧力群、彭真などです。

胡耀邦が総書記となってからは、言論や政治的活動に緩やかな自由が認められつつあり、国民は胡総書記を支持するようになっていたので、保守派は鄧らの親日的言動までをも非難の対象としていたのです。それに対して、中国各地では胡を擁護しようという学生デモが起こるようになっていました。

（注）**中国共産党十一期中央委員会第三回全体会議**：共産党中央委員会全体会議とは、5年に1度の党大会と並ぶ、党の最高指導機関。中央委員会の委員約２００人と同候補約１５０人が北京に集まり、重要政策などを話し合う。

（注）**党の主導権**：華国鋒を追い落として、鄧小平は国務院（日本の国会）副首相、党副主席、軍総参謀長に復帰（若い頃は人民解放軍の野戦軍政治委員）。

（注）**教科書誤報問題**：日本の歴史教科書において、日本の中国への「侵略」を「進出」に書き換えたという朝日新聞の誤報に、中国は不快の念を伝え、当時の宮沢官房長官は談話として「アジア諸国の批判に配慮する」という「近隣諸国条項」を設けた。

（注）**胡耀邦**：胡は当時の中曽根首相と親しく、この胡が党内で批判されないように中曽根は１９８５（昭和60）年から靖国参拝を取り止め、以後、悪しき前例となり、国の首相としての道を誤った。国のリーダーは、私情に流されて国益を毀損してはならないというのは古今東西を問わず常識。

また、日米との関係が改善され、ソ連の脅威も緩和されたこともあり、鄧小平の発言も変遷していきます。

1987（昭和62）年6月には、日本の各新聞に、「日本はどの国よりも中国に対する借りが一番多い国である。国交回復のとき、我々は戦争の賠償の要求を出さなかった。両国の長い利益を考えてこのような政策決定を行った。東洋人の観点からいうと、条理を重んじているのであって、日本は中国の発展を助けるために、もっと多くの貢献をすべきだと思う。この点に不満を持っている」という趣旨の談話を発表しました。

この発言には含みがあり、日本に対して「資金と技術援助を増やせ」という要求以外に、中国共産党内で対立している保守派の長老たちを取り込み、国民から支持のある胡総書記を切る意向を示したものでもあったのです。党内での権力闘争に勝利しかけていた鄧は最後の仕上げとして、保守派からの強力な支持を得るため、あえて日本を批判する声明を発しました。鄧の胸奥には、この程度の批判をしたところで、親中国のメディアや政治家が多い日本政府とメディアからの反発は、それほどではないという冷徹な計算も働いていたのです。

結果として改革派内で最も親日色が強く、中国民主化の旗手として若者世代をはじめ、民衆に期待されていた胡耀邦は失脚し、失意のうちに2年後に死去、これが契機となって1989（平成元）年6月4日に「天安門事件（注）」が起きました。

（注）天安門事件：天安門事件は党の発表で319人の死者とされているが、数千人から数万人の死者という説もある。中国国内のインターネットでは「敏感詞（ミンガンツー）」として検索不能になっている。

天安門事件の経緯は、1989（平成元）年4月15日に言論自由化を推進した「民主化リーダー」の胡耀邦元総書記死亡が端緒であり、直後に学生らが追悼集会を開いた。これが民主化デモになり、4月18日には1万人、同21日に10万人、西安（せいあん）・長沙（ちょうさ）・南京などに飛び火、5月末にはデモの輪は50万人を超えた。これを脅威とした鄧小平が軍を投入。なお、出動命令を拒否した第38集団軍の軍長（司令官、中将）徐勤先（じょきんせん）は今もヒーロー的な人物。軍事裁判では禁錮（きんこ）5年の刑だった。

この事件の際、欧米諸国は中国に対して経済制裁などの厳しい対応をしたが、日本だけは宥和的（ゆうわてき）だった。

2020（令和2）年12月に、1987（昭和62）年から1989（平成元）年までの外交文書26冊（約1万頁）が公開されたが、日本政府と外務省の「媚中（びちゅう）」のひどさが露（あら）わになった。このとき、外務省では『中国情勢に対するわが国の立場』という文書で制裁措置を（欧米と）共同して取ることに反対している。加えて経済協力につき、「長期的」観点から中国の経済開発に対してできるだけの協力を行うことと叙述されていた。

事件の翌月の7月に、フランスで先進国首脳会議（アルシュ・サミット）が開催され、日本は宇野宗佑（うのそうすけ）首相が参加。中国が孤立しないように戻すのが日本の役目と、村田良平外務次官に語っていた。結局、日本だけが反対し（制裁案）、抑制された宣言となった。このときの駐中国大使の中島敏次郎氏は、中国の外務次官に、宣言が抑制されたのは日本の努力と告げている。

外務省は一貫して中国に宥和的だったが、中心となったのは外務省の谷野作太郎アジア局長、中島大使、チャイナスクールの中核であった槇田邦彦（まきたくにひこ）氏らで、官邸・自民党・メディアに執拗（しつよう）にブリーフィングをして、中国を助けた。それればかりではなく、中国は天皇の訪中を強く求め、のちに実現させたことを契機に欧米とも関係を修復、日本の天皇が訪中したことを免罪符代わりに使い、官邸や他の政治家は外務省の言いなりに動いた。

当時の銭其琛（せんきしん）外相は回顧録において、天皇陛下を訪中させた結果、西側各国が科した中国指導者との交流禁止を打破できる、とその意図を述べている。なお、一連の流れには後述するが、日本の財界人も大いに関与していた。

ちなみに現在の習近平国家主席の父親の習仲勲は、天安門事件の際に、穏便に対処すべしとした趙紫陽を擁護したため、鄧によって左遷され不遇を託つことになっています。このことにより、習国家主席は内心では鄧を嫌っていて党の規約に毛沢東の「毛沢東思想」に次いで「鄧小平理論」を残した鄧より上級の「習近平思想」を書き入れさせました。党内では「理論」より「思想」の方が格上で、習近平国家主席は毛沢東に次ぐ2人目の「思想」の持ち主となったのです。

鄧小平という人は一見すれば好々爺然としていますが、過去3度の失脚を乗り越えて権力の座に返り咲いた人だけに、権謀術数の深さが違いました。

このような中国共産党内での争いが決定的になったのが、「天安門事件」だったのです。

天安門事件が反日教育の出発点となった

◉中国共産党の真意はどこにあったのか⁉　日本は批判される歴史を持っていたのか？

1989（平成元）年5月15日、北京の天安門広場は、訪中したソ連のゴルバチョフ共産党書記長の歓迎式典会場となっていました。ゴルバチョフといえば「ペレストロイカ」(注)という合言葉でソ連の民主化を企図した人であり、中国でも学生たちは民主化のヒーローとして崇めていたのです。

そのヒーローを迎えようと、天安門広場に学生たちが集まりました。その異様な空気から式典は中止されますが、集まった学生たちは、1カ月前に急死した胡耀邦の追悼をするようになり、いつしか党の幹部との対話を求める集会に変わっていったのです。なかにはハンストを始める人も現れ、知識人やメディア、市民も合流して連日、万を超える人であふれ返るようになりました。

党首脳が説得しても散会する素振りが見られず、鄧小平は戒厳令を布告して軍の出動を命じたのですが、学生たちの抵抗は収まらず、ついには銃口が火を噴きました。

これが天安門事件です。そしてこれは結果として、歴史における反日教育の出発点となったのです。

徹底した反日教育の始まり

◉鄧小平が抗日戦争を材料とすることを発案した！

天安門事件は、鄧小平をはじめ共産党幹部にとって、「民主化」＝「共産主義の否定・共産党政権崩壊」を目の当たりにする出来事でした。

（注）ペレストロイカ：ロシア語で「改革」「立て直し」の意味。ゴルバチョフ政権における改革運動で、人民代議員大会の創設や、協同組合、請負制の導入など政治と経済における改革。それは社会と文化の広範にまで影響し、1991年のソビエト連邦解体につながった。

中国が歴史から葬ろうとする天安門事件

事件後、鄧は「われわれのもっとも大きな誤りは、教育にあった。若い子どもたち、青年・学生の教育が不足していた」と語っています。そして、何を教育の柱にするのかというとき、外国が中国を侵略した歴史が適していると気付きました。つまり、人民の敵を作り、そこに不満を向けさせ、さらに愛国教育を施すことで、中国国民の団結をはかることを目的としました。

こうして鄧小平は、党支配の正当性を強調するために、日本との抗日戦争を材料としたのです。

鄧は趙紫陽総書記を解任して、第三世代[注]の江沢民（こうたくみん）[注]を起用しています。江はそれまでの指導者と異なり、抗日戦争[注]の経験もなければ、党内での実績もそれほどない人でしたが、父親が抗日戦争に参加して戦没していることもあり、反日教育に力を入れることになります。

少なくない資料・書籍では反日教育を定めたのは江沢民とされているのですが、実情は異なり、発案したのは鄧です。江がその意を酌んで反日教育を強力に推進した理由は、自身が鄧に抜擢され党のトップになってから保守政治をして鄧の機嫌を損ねてしまい、なんとか取り繕う目的と、自身がほとんど無名かつ優れた実績もなく、党内基盤が弱かったため、鄧の絶対的支持と支援を取り付ける目的がありました。

このときの鄧は党内の役職はないものの、真の権力者として、党内の長老たちの支持も堅固に取り付け、君臨していたのです。他にも軍に強い影響力を持っていたこともあります。

もう一つ決定的だったことは、江の父親が日中戦争中、日本の傀儡政権だった汪兆銘の官吏をしていたこと（つまり、親日と見られても致し方なかった）をカバーするため、ことさらに反日を主張していたのです。

１９８９（平成元）年７月に共産党傘下の中国国家教育委員会は、北京で全国高等学校工作会議を招集します。共産党中央委員会総書記に就任したばかりの江は、「ブルジョア自由化の反対、

（注）第三世代：中国では毛沢東、周恩来らの共産党創設時からのメンバーを第一世代、そのあとに入党したメンバーを第二世代、続いて江沢民を第三世代、次の胡錦濤を第四世代、現在の習近平を第五世代と称している。日中戦争での従軍経験があるのは第二世代まで。

（注）江沢民：日中戦争を知らない世代。親日政権下にあった南京中央大学で機械電気工学を学び、中国共産党入党は１９４６（昭和21）年。英語もわかり、クラシック音楽など芸術も好んだ。上海閥の江派のドン。近年は対習近平国家主席のため、胡錦濤前国家主席と接近し、習体制阻止に動いている情報が多い。

（注）抗日戦争：日中戦争の中国側の呼称。

四つの基本原則(注)の堅持、青年学生への思想教育の強化」を指示しました。

その指示に応じて国家教育委員会は、小中学校の国語・歴史・地理において、「国際と国内階級闘争の情勢と特徴」、「中国と世界の近・現代史」、「社会主義制度の優越性」「中国の自然国情と人文国情」の4点を重視するようにします。

また1991(平成3)年3月、江は国家教育委員会主任に親書を送り「アヘン戦争以来、多くの侵略国に対して中国人民は虐げられたこと」、「外敵から国を守ろうとしたこと」、「中国共産党が人民を指導して新中国を樹立、建設した業績」、「中国の社会主義体制は平和を擁護し、いかなる覇権主義と強権政治にも反対する」ということを明確にするよう指示をしました。

国家教育委員会は、その年8月に「小中学校における中国近・現代史および『国情教育』の強化に関する全体要綱」を定めています。

1992(平成4)年の「九年義務教育全日制初級中学 歴史教学大綱」においては「歴史の基礎的知識を学習して身につけること」、「学生に唯物史観を用いて問題を観察し、それを解決する能力を身につけさせること」、「思想政治教育の強化」の3点が挙げられていました。

これらは通常の歴史教育と異なり、政治性が強いこと、マルクス史観により階級闘争の歴史を進めること、人民大衆は歴史を創造することが特徴です。

これらの他にも江が決めたことは「民主化運動を売国者の活動」と定義することでした。そして、民主化要求グループを敵対勢力として、社会主義政権から民主主義政権への移行を防ぐためにも国情教育（愛国教育）が強化されなければならないとしています。

1990（平成2）年から大学では新入生に1カ月の軍事訓練が義務づけられ、特に学生運動の拠点となった北京大学と上海の復旦（ふくたん）大学は、1992（平成4）年までは訓練期間が1年間とされました。

また、高校や中学では歴史の授業時間が増やされ、中国にとっては屈辱とも言える近代史の教育を通して、愛国主義（精神）を養うようになったのです。さらに1990（平成2）年に国旗法、1991（平成3）年に国章法が制定され、小中学校では毎週1度は朝から国旗の掲揚式を実施して、愛国主義を発揚する講話を聞くように義務化されています。その後、1994（平成6）年になってから中華人民共和国共産党中央委員会が「愛国主義教育実施綱要」(注)を公布しました。

こうして中国全土に毛沢東・周恩来・鄧小平や歴史上の偉人に加え、共産党の「偉業」を讃え、

(注) 四つの基本原則：社会主義の道、プロレタリア独裁、共産党の指導、マルクス・レーニン主義と毛沢東思想。

(注) 愛国主義教育実施綱要：愛国主義教育は国民全体を対象とするものの、重点は青少年に置かれていること、愛国主義教育基地建設について、愛国主義教育の土壌を社会に築いていくこと、国旗国歌への尊敬など国民としての礼儀を身につけ、愛国意識の強化を図ることが説かれている。愛国主義とは「中国人民を動員し鼓舞して団結奮闘する一つの旗印であり、我が国社会歴史の前進を推進する巨大な力であり、各民族人民の共同の精神支柱である」と定義している。

日本を敵とし日本の罪を伝えるための愛国教育基地が何千と作られました。そして子どもたちは校外学習として必ず訪問するようになったのです。

とても厳しい中国の学生生活事情

◉過当競争の中国の学生！　日本の学生は天国

中国の教育制度は日本と同様に小学校が6年、初級中学（初中）が3年と、ここまでが義務教育で、その上に「中考（ジョンカオ）」(注)という入学試験を経て、普通高級中学（高中）が3年間、それから大学となっています。

高中に合格する学力のない生徒は中等専業学校などの職業訓練校で学ぶことになり、高中の課程を終えるともっとも難しい「高考（ガオカオ）」(注)を受けます。中国全体で、高中は50％、大学は20％強の進学率ですが、北京（ペキン）や上海（シャンハイ）の都市部では大学進学率はかなり高くなります。

大学生はエリート視される対象で、北京の北京大学、清華（せいか）大学、上海の復旦（ふくたん）大学は「名牌大学」（名門大学）と呼ばれています。名門とされるのはすべて国立で、私立にはありません。中国は日本以上の学歴社会で、学歴の差が所得の差に直結し、社会的名誉の差となります。

現在の中国では大学卒は人口の3％しかいません。しかし、真のエリートは前述の名門大学を卒業した者だけであり、かつ中国共産党にコネがあることが「絶対」条件になっているのです。

コネとは親や親族が党員であることです。党員であり、有力な官僚か国営企業の幹部、民間であれば大企業のオーナーや高級幹部が該当します。

この他に重要なのは戸籍が「都市戸籍」か「農民戸籍」かで、前者でなければなりません。特に羨望(せんぼう)の対象は、北京、上海、広州(こうしゅう)、深圳(しんせん)の四都市に住むことであり、これらの地で数千万元(数億円)以上の高級住宅(注)を買える人以外は、特別なコネがないと住めないようになっています。

これ以外では前出の名門大学で特段に優秀な成績を収めた人には、有力企業や研究者としての道が開けるものの、他の人は就職難が常識となっているのです。最近では大卒者ですぐに就職できるのは約3割とされ、習近平国家主席及び中国共産党は若者たちの不満が騒擾(そうじょう)・暴動につながらないようにデジタルとＡＩによる監視を強化しています。なお、前述の四都市に戸籍を持っ

(注) **中考**：受験科目は北京を例にすると、国語・数学・英語・物理・化学・政治の6科目。高中には市の重点学校、区の重点学校、非重点学校があり、重点学校が上位。

(注) **高考**：「普通高等学校招生全国統一考試」が正式名称で、「高考」が通称。一部の地区を除き毎年6月7日・8日に行われる。受験者が多いこともあり難易度は世界一ともいわれている。2019年は中国全土で2600の大学で一斉に行われ、約1050万人が受験。2600校の中には北京大、清華大など88の国家重点大学がある。この大学でエリートの「候補」を教育する。

(注) **高級住宅地**：上海や北京の家賃は、この地の大卒初任給6000元(約9万8000円)と同程度。地方都市では、それぞれ3000元(約4万9000円)程度となる。(川島博之『習近平のデジタル文化大革命』講談社＋α(プラスアルファ)新書、29〜31頁)

て住んでいるのは4000万人だけで、人口の3％でしかありません。

また、14億人以上の人口の中で9514万人しかいない共産党員になるには高いハードルがあります。資格は18歳以上で、党員2人の推薦を要し、本人及び家庭の思想調査を経て合格した後も、最低1年以上の思想教育を受けなければなりません。年間、たった2000人程度が新たな党員になれますが、多くの党員は中国の伝統である汚職で賄賂(注)を手にすることが夢でした。しかし、習近平国家主席体制になり、大っぴらにはできなくなっています。そうであっても、中国では「党籍がないのは人間のクズ」と呼ばれているので、人脈、金脈の他、あらゆるものを駆使してまで党員になろうとするのです。そのようなわけで、「超学歴社会」とされる韓国よりも厳しい社会とも言えるでしょう。

では、学生生活はどのようなものでしょうか。

大学生活は9月に入学した後はおおむね寮生活となり、「三点一線」と表現される宿舎・食堂・教室の三点を往復するだけの学問中心の生活が普通です。

中学（初中）・高校（高中）の校則は厳しく、身なりを整えること、質素で上品であること、パーマ・染髪・化粧・ネックレス・長髪・女の子のハイヒールは禁止、ところかまわず痰を吐いたりごみを捨てないこと、文明的に振る舞い下品な言葉を使わないこと、他人を罵倒したり喧嘩したり、賭博をしないこと、精神状態を健康にすること、性的・暴力的・封建迷信的描写のあるメディアには触れないこと、不健康な歌曲は歌わないこと……などが定められていました（ところかまわず痰を吐かないという校則は苦笑いが出ます）。

なお、高校生くらいになると男女交際をする生徒も皆無ではありませんが、大抵は親や教師に隠れてとなります。

また、日本の「クラス」に相当するのが「班（バン）」で、その長となる「班長（バンチャン）」は成績が良く指導力のある子が選ばれ、名誉とされます。さらに社会に出てからも求職などで有利に働くようです。

また、2学期制で、基本は土日が休みの週5日制となっていますが、高三となれば、土曜日に補習授業が入ることも少なくありません。日本同様、中間テストや期末テストがある他、時間割は朝7時30分～午後5時までの9時間30分（1単元40分）制が一般的です。日本の部活に相当するものはありません。教員は上級学校に多く合格させると報酬が上がるので、学習指導に力を入れることになります。

授業については、中国の慣習通り大声で積極的に発言するのが普通です。

愛国主義教育では、「思想」「学習」「体育」が優秀な学生を「三好学生」[注]として表彰する制度

（注）汚職で賄賂：これは決して中国を貶めているのではなく、古代から中国では役人の給与を低くし、あとは個人の裁量（賄賂）で生活せよという公認の伝統。このため、現代においても賄賂は悪という観念が薄い。

（注）三好学生：三好学生は「高考」で加点される。

もありました。

この「思想」というのは「社会主義祖国を熱愛し、中国共産党を愛し、党の路線方針と政策の学習に努力し、正確な世界観・人生観と価値観の基礎を樹立している」ということです。

愛国主義教育は、徳育の根本として位置づけられていて、徳育項目の第一に「熱愛祖国」が掲げられています。そして次のような評価基準が定められています。

「厳粛に真面目（まじめ）な気持ちで国旗掲揚に臨み、規定に基づいて統一した服を着て、ネッカチーフ・徽章（きしょう）を付けている」、「自ら進んでものごとに取り組む精神が強く、中国共産主義青年団（共青団）への入団・中国共産党への入党に前向きな動機を持っている」

国旗掲揚に関しては、「国家の栄誉を守り、国旗・国歌を尊重し、国歌が歌えること。国旗の昇降・国歌斉唱の際には起立・脱帽して目礼をすること」とされています。国旗掲揚に対する考え方は、どの国においてもほぼこれと同じで、これを強制だとか拒否するといって問題になっている日本は珍しいのです。オックスフォード大学のラナ・ミッター教授によれば、中国の指導者は歴史を拠（よ）り所にする癖があるとのことでした。そのため、中国共産党指導部は歴史を書き換え、中国が戦後秩序を作ってきたという新たな物語を生み出しているのです（『Foreign Affairs（フォーリン・アフェアーズ）』２０２０年11月12日号）。従来の中国共産党は日本の侵略から中国を守ったと偽証してきましたが、１９８０年代以降は欧米諸国について、抗日戦争勝利のための自分たちの重要なパートナーだったと主張するようになりました。

捏造の歴史――事実を検証する

◉党の都合で歴史まで作ってしまう中国！　歴史と歴史教育の違いとは？

中国の歴史教育の時代区分は古代史・近代史・現代史の三つから構成され、古代史は紀元前から清代の１８４０年まで、近代史は１８４０年のアヘン戦争から１９４９（昭和24）年の中華人民共和国成立まで、現代史はそれ以降の現代までです。

清朝の最盛期の乾隆皇帝の時代には世界のＧＤＰの３割以上を誇るほどでしたが、イギリスとのアヘン戦争を契機にイギリス・フランス・ロシア・イタリア・ドイツ・ポルトガルなどの列強に蚕食され、最後は日本との戦争になりました。

本来ならば、完全な植民地的な扱いをしたヨーロッパ列強が大中華帝国の崩壊の端緒となったはずですが、日本だけが現代に至るまで徹底して非難されています。

北京にある愛国主義教育基地の一つ、「中国人民抗日戦争紀念館」には次のような「前言」が掲示されていました。

「中国人民抗日戦争は、近代に中国が外敵の侵入に対して抵抗して以来、初めて完全な勝利を勝ち取った民族解放戦争である。中国人民抗日戦争の勝利は中華民族が衰退から復興へと向かう重大な転換点であり、中国共産党が全国の各民族人民を団結させ民族独立・人民解放の実現へ導き、新中国建設への重要な基礎となった。さらに世界各国民族が反ファシズム戦争に勝利し、世界平和を勝ち取る大事業に多大な影響を与えることとなった。中国人民抗日戦争および世界反ファシズム戦争勝利六〇周年を記念することは、抗日戦争の活気をもって愛国主義教育をおしすすめ、さらに民族精神を発揚し、民族力量を結集し、民族の自尊心・自信・誇りを増強させ、全国各民族人民と国内外の中華子女が中華民族の偉大なる復興を実行することを激励し、立ち上がらせ、世界平和と発展の崇高な事業を促進し、努力奮闘する」

日本以外のどこの国の歴史においても大きな差はありませんが、自国に都合の悪い部分は隠すか、歪曲するかして、どうあれ自国は正義であるというのが、歴史「教育」と言えますが、この記述はあまりにも極端です。

中国では、近代以降の自国への侵略戦争を、イギリスとのアヘン戦争（１８４０～１８４２年）、イギリス・フランスとの第２次アヘン戦争[注]（１８５６～１８６０年）、フランスとの清仏戦争（１８８４～１８８５年）、甲午中日戦争[注]（１８９４～１８９５年）、八カ国連合軍侵華（しんか）戦争[注]（１９００～１９０１年）、抗日戦争[注]（１９３７～１９４５年）としていました。

日本が関係しているのは甲午中日戦争、八カ国連合軍侵華戦争、抗日戦争の３つですが、これらの他に事実が捏造され、現在に至るまで非難されている出来事を細かく分けると、南京事件、満洲事変、上海事変、盧溝橋事件、通州事件も挙げられます。
それらの出来事の事実はどうだったのか、一つひとつ検証していきます。

甲午中日戦争(日清戦争)における事実

◉中国における日清戦争とは？　日清戦争の真実

高校生用の教科書『中国近代現代史』上(人民教育出版社)を見ると、まず、日清戦争では、「日本が明治維新後、急速に発展したが、封建的勢力が残っていたので国内市場が狭く、指導者グループは対外侵略の拡大に活路を見出し、中国侵略を中心とする大陸政策を制定した。当時、世界の主要な資本主義国家は帝国主義段階への過渡期にあった。日本の侵略行為は西洋列強による一定の支持を受けた。

アメリカは日本に中国と朝鮮を侵略する補佐的役割を期待し、イギリスは日本を利用してロシアが東方に勢力を伸張するのを牽制しようとし、ドイツ・フランスは日本の中国侵略に乗じて新

(注) **第2次アヘン戦争**：日本の呼称はアロー戦争。
(注) **甲午中日戦争**：日本の呼称は日清戦争。
(注) **八カ国連合軍侵華戦争**：日本の呼称は北清事変、または義和団の乱。
(注) **抗日戦争**：日本の呼称は支那事変(1937〜1941年)、大東亜戦争(1941〜1945年)。戦後は、日中戦争とするむきも。

たな権益を奪取するため、日本の中国侵略を極力支持した。ロシアは中国東北と朝鮮に野心を抱きながらも、準備不足のため、日本に不干渉政策をとった。列強の黙認あるいは放任により、日本の実施する侵略計画には有利な条件が整った」となっています。

つまり、日本は明治維新後に急速に発展したが、封建的勢力を一掃し国内市場を広げるために中国侵略に踏み切った、という記述ですが、事実及び日本の目的は違いました。

日本の経済と産業がめざましい発展を遂げるのは、日清戦争で巨額の賠償金が入った後のことです。日清戦争以前の日本は慢性的な輸入超過でしたが、戦争を機に輸出超過になりました。しかし、それが戦争の目的ではありませんでした。

日清戦争は、日本の安全保障のために清の第一の属国であった朝鮮の自立による、朝鮮半島の安全を確保するのが主たる目的でした。時は帝国主義で、維新後の日本は植民地にされないように必死だったのです。当時の日本は開国後、欧州列強に侵略されないことに懸命に取り組んでいました。その中の一策として中国と朝鮮とアジア人としての同盟を組んで安全保障（国防）を図ろうとしましたが、がちがちの儒教による排他主義と世界情勢の無知により、すべて相手にならず、それなら、なんとか日本独自に主体的に行動しなければならないと悟ったのでした。

朝鮮は中国の属国として筆頭という自負を持ちながら、対外的に（外国に対して）優柔不断で、どこの国に侵略されるかわからないこともあり、日本の喉元（のどもと）とも言える朝鮮半島の安定を図るために、朝鮮を完全に独立させる目的で大国の中国（当時は大清帝国、清のこと）と戦わねばならなかったのです。

この頃、中国は国際社会の中で「眠れる獅子」と称されていて、日本など鎧袖一触と言われていました。歴史の書などでは、ロシアを恐れた「恐露病」は度々指摘されていますが、「恐清病」には触れられていません。ですが、日本は大清帝国に強烈な恐怖心を持っていたのです。ただし、両国の陸海軍を視察した欧米列強の将校には、その統制と士気と規律の厳格さ(注)から、日本が勝つであろうと予測していました。清国海軍には日本の主力艦の約2倍の排水量を持つ「定遠」「鎮遠」(注)という最新鋭艦があり、日本はこの点でも大きく遅れていたのです。この時、東南アジアでなんとか独立を保っていたのは、シャム（タイ）と清と朝鮮、そして日本だけでしたが、朝鮮は清への朝貢を通じての属国であり、その清は欧州列強に喰われているところでした。

国内のあちこちに欧州列強の租界(注)があり、公園やレストランには「犬と支那人は立入禁止」の

（注）**日本軍の規律の厳格さ**：欧米の将校が中国の「定遠」「鎮遠」を視察した際、主砲には兵士の下着が干されていて、その下で兵士たちが博打をしている状態だった。他方、日本は旧式で小型ながら、手入れの行き届いた艦船と、規律正しい兵士たちの行動があった。

（注）**「定遠」「鎮遠」**：1881（明治14）年、ドイツのフルカン・シュテッティン社との契約で建造。常備排水量7335トンの巨大艦。日本の「扶桑」を上回る14・5ノット（約26キロ強）。「扶桑」はイギリスに発注した日本初の軍艦。

（注）**租界**：清の法律が及ばない列強の住民の居住地。

看板が掲げられ、街中では外国人にまるで奴隷のような扱いを中国人は受けていたのです。

当時、日本が侵略されなかったのは、列強と局地的戦闘(注)において、他のアジア諸国のように戦わずして征服されるのではなく、武士道の魂で戦い、負けはするものの「日本のサムライは戦士だ」と列強に感じさせていたからです。

加えて、イギリスはパーマストンという侵略の権化(ごんげ)のような首相が退任して、日本との親善協調政策に転換し、フランスなど他国もそれにならったということもありました。

清と日本は維新後に対等を前提として日清修好条規を結んでいたのですが、1886(明治19)年8月に「長崎事件(注)」が起こるなど、大国の清に侮(あなど)られていた面もあります。しかし当時の新聞『時事新報』では、清の水兵の暴虐非道ぶりと、日本社会の怒りの大きさが報じられていました。

軍事力が弱いというのは、こういう理不尽なことも受け入れざるを得ないということで、これは現代の国際社会においても変わりはありません。

私たち日本人は自国以外の海外の動向に視点を向けないことが多いので、現状を知らない傾向が強く、これについては一考の余地があります。

この後、日本は国を挙げて軍備を増強しますが、まだまだ貧しく清の持つ「定遠」「鎮遠」級の巨艦を保有できるようになるのは日清戦争のあとになります。

この日清戦争では、日本の陸軍が旅順(りょじゅん)攻略の際に1万8000人にものぼる虐殺を行ったとしているのですが、それも事実ではありません。このフェイクニュースは、初めに中国がでっちあげ、欧米メディアに報道させたのです。そのため、大急ぎで「定遠」より小型ながら、主砲の威力で勝る三景艦(注)を造ったのでした。

発端は1894（明治27）年12月11日のアメリカの新聞『ニューヨーク・ワールド』の報道でした。これを報じたフリージャーナリストのジェームズ・クリールマンは、自己顕示欲が強く、常に売名を目的としたセンセーショナルな記事を新聞社に持ち込むことで有名な札付き記者でした。最初に『ニューヨーク・トリビューン』に持ち込んだものの、内容があまりにいい加減で相手にされず、それで『ニューヨーク・ワールド』に持ち込みました。『ニューヨーク・ワールド』は、虚報でも捏造でも「売れればいい」という発行人のジョーゼフ・ピューリツァーの意向によ

（注）局地的戦闘：長州藩による下関での「四カ国連合艦隊との戦争」、薩摩藩によるイギリスとの「薩英戦争」など。

（注）長崎事件：長崎に来航した清国の北洋艦隊水兵が起こした暴動事件。清の北洋艦隊の巨艦2隻と巡洋艦を含めた4隻が、修理のために予告なく長崎に入港し、丸山遊廓で騒ぎを起こす。翌日には無断で清の水兵500人が上陸して日本人を襲い、住居に不法侵入して強盗や強姦に及んだ。当時の日本はまだ軍隊が整備されておらず警察が出動すると清の水兵と乱闘になり、日本人は2人が殺害され、29人の負傷者が出た。清の目的は朝鮮問題をめぐる日本との確執に対して、強大な軍事力を背景に圧力を加えにきたとされるが、現在の日本では左翼の歴史学者が多いこともあって紹介されることは少ない。

（注）三景艦：「松島」「厳島」「橋立」の三艦船〈巡洋艦〉（排水量4000トン）。

り、この記事は掲載されることになったのです。この報道につき、アメリカは日本にいる駐日アメリカ公使に電報を打って調査させました。公使は観戦武官として戦地にいるアメリカ陸軍の将校に連絡して調べさせましたが、そのような事実はないと回答がなされています。

一方で、この報道にもっとも動顚（どうてん）したのは日本政府でした。なぜなら、日本政府は幕末に各国と結んだ不平等条約を改正するために、「日本という国は国際法を守る文明国だ」というイメージを作ることを至上の命題としていたからです。

明治維新から27年後の時であり、日本も欧米文明国への参加資格があるということを世界にアピールするためにも、未開の野蛮人のような行為は避けなければなりませんでした。また、不平等条約改正では、清に宣戦布告をした１８９４（明治27）年8月の前月に、イギリスとの交渉で裁判権の回復（治外法権撤廃）を合意したばかりでもあったのです。

そのようなこともあり、政府は余計に気を配らねばならず、すぐに現地の司令部や派遣されていた新聞記者たちに事実関係を調査するように指示しました。結果はアメリカの調査と同様、虐殺の事実はないというものでした。現在、日清戦争について書かれた少なくない書のなかで、旅順虐殺があったかのように記述されている書がありますが、これは自虐史観によるもので事実ではありません。とにかく日本が悪い、非があるのは日本だということにしなければならない左派の歴史学者の歪曲した歴史観に惑わされないようにしたいものです。

八カ国連合軍侵華事件（北清事変または義和団の乱）における事実

◉日本が国際的に評価された契機の一つとは？　見事な戦いぶりの源は武士道

1900（明治33）年5月、義和団(注)と称する宗教・思想団体が中国（清）各地で一斉蜂起して鉄道、駅、橋、洋館などを破壊し、外国人を含む多数の中国人までを虐殺し、その騒乱を全国に拡大していった事件でした。彼らの蜂起の目的は、「扶清滅洋」。つまり、外国勢力に蹂躙され

っ放しの清朝（皇帝政府）を扶け、外国人（洋）を滅ぼすことでした。

このときの皇帝は光緒帝(注)ですが幽閉されていたため、実権は西太后(注)にありました。しかし国家的・政治的理念などはいっさいなく、ひたすら贅沢な暮らしを望み、1日の食費は現在価値にし

（注）**義和団**：清朝末期、山東省の農民の間に起こった秘密結社で、白蓮教の一派。欧米の文献では「ボクサー」と称され、不死身を表す「刀槍不入」、神の降臨を表す「神仙下凡」を合言葉にし、その拳法を身につけていれば弾丸が当たることはないと謳っていた。

（注）**光緒帝**：西太后の妹の子であり甥にあたる。1898（明治31）年、「戊戌の変法」をスローガンに、西洋の良い点を採用しようという政治体制の改革を側近の高官らと計画、封建的な西太后から実権を取り戻そうとしたが失敗し幽閉された。

（注）**西太后**：二代前の咸豊帝の妃でしたが、皇帝の死後、第一夫人の東太后と側近の高官らと「垂簾聴政」を行い、東太后亡きあとは実際上の「女帝」という立場で独裁的政治を行い清朝の滅亡を早めた。垂簾聴政とは皇帝が幼い場合、玉座の後ろに簾を垂らし、その奥から皇帝の代わりに政務を執ることで、西太后は皇帝を自在に操り政治をほしいままにしていた。

て1000万円とも1500万円とも言われています。さらには専属の漢方医たちが不老不死を研究した食事や療法を試みるなどしていたため、老齢になっても髪は黒々として皺も少ない怪物でもありました。

また、日清戦争の際には、自らが好きだった皇帝伝来の大庭園の修理や、自らの還暦祝いのために、海軍の軍事費のほとんどとなる3000万両を流用し、日本の勝利に貢献することになりました。というのは、3000万両は日本円では4500万円に相当します。当時の最新鋭の軍艦が1隻300万円でしたから、なんと15隻分となります。

日本は長崎事件以後、清に対する屈辱から国を挙げて海軍の軍備拡張を目指し、それは特段の家庭の事情がない官吏（役人）の俸給を1割削ってまで軍事費に充てていたほどでした。それで蓄えられた額はわずかでしかありませんが、一方で清は西太后が軍事費を流用していたわけです。

しかし、人事権はもとより立法・行政・司法を掌握している「女帝」に対して誰も意見などできるはずはありませんでした。

西太后は義和団の蜂起を知り、即座に租界地や権益を持っていた欧米各国、そして日本に宣戦布告をし、各省の督撫（現代の知事）に外国人の殺害を命じています。

義和団は外国から渡来してきたすべての物質文明を破壊し、たとえ中国人であっても、それらの物を持つ者、売っている者まで襲撃して殺しました。

中国の歴史教育において義和団事件は、欧米列強に侵食された中国（この当時は清）が、自主独立の正義の信念を持って列強を排除すべく蜂起した、いわば義挙の戦いである、欧米列強の「悪」に対する「聖戦」だったと教えています。義和団の戦闘員たちについても、宗教の力を授けられた義士とされていました。実際は違います。義和団を名乗った人々は、外国人、自国の民衆を問わない殺人や略奪に明け暮れる「ならず者」の集団でした。もともと、中国という国は、略奪や殺人を業とする匪賊が多かったのですが、義和団という連中もその一系統でした。この伝統は1793年に通商を要求しに来たイギリスのマッカートニーも帰国後に『マッカートニー奉使記』にて叙述しています（黄文雄『満州国は日本の植民地ではなかった』ワック、110頁）。

また、中国建国の父と呼ばれている孫文をはじめ、中国学識者の重鎮、胡適、作家の魯迅らも義和団は単なる騒乱の徒であり、義戦ではないことを明確に述べていました。

日本政府は公使館書記生の杉山彬が殺されたり、現地在住の日本人が襲われたりと危機的状況にあったため、広島の第5師団を送ることを決め柴五郎中佐(注)を指揮官として派兵しました。

義和団の突然の攻撃に、北京ではどの国の公使館も襲われ、対して日本を主力とした八カ国連

（注）柴五郎中佐：戊辰戦争で賊軍とされた会津の出身で、極貧の暮らしを耐え軍人の道を選んで頭角を現した。往時の悲惨な生活と会津人の誇り、魂のあり方を示したものとして石光真人編著『ある明治人の記録』（中公新書）という名著がある。のち大将にもなった。

合軍(注)を組織しましたが、途中で柴中佐が事実上の指揮官となってからは優勢に転じて、最終的に制圧しました。一方で、戦闘そっちのけでイギリス・フランス・ドイツ・ロシア・イタリアの兵は、皇帝の庭園や王宮などに侵入して略奪行為をしたことは歴史に残りました。彼らは高価な美術品や財宝を大量に略奪して箱に詰め、ラベルまで貼(は)って本国に送っていますし、当然、個人でも自分のポケットに入れたのです。

この義和団の乱では、日本軍が各国の高官・軍人・住民から予期せず賞讃を浴びることになりました。日本軍の強さ、軍紀の厳しさが評判となり、それは北京の市民が安全を求めて日本軍の駐屯地に押しかけてきたほどでした。臨時の野戦病院では、手術や治療に際して他国の兵士が叫んだり、喚(わめ)いたりする中、日本兵だけがじっと耐えたり、笑顔で冗談を言ったりするので、各国の看護師たちの間で大人気にもなりました。イギリスの『タイム紙』は、「籠城(ろうじょう)中の外国人の中で、日本人ほど男らしく(注)奮闘し、その任を全うした国民はいない。日本兵の輝かしい武勇と戦術が北京籠城(ろうじょう)をもちこたえさせた」と賛辞を贈るほどでした。

このときの日本軍の評価は、それから2年後に「光栄ある孤立」を捨てて、イギリスが有色人種の日本と「日英同盟」を結ぶ大きな理由ともなったのです。

これで一件落着としたいところですが、公正さを担保したいので書き添えておきましょう。一部の日本兵に略奪がありました。清は銀本位制なので「馬蹄銀(ばていぎん)」という銀塊がありますが、これを日本兵が盗んでいます。この件は左派の歴史家の書では本件よりも重大なことのように記述され、あとの処理について触れられているものは私の知るところでは1冊もありません。

これも公正を期して書き添えますが、盗んだ兵士たちは厳しく処分され、さらにその責任を痛感した師団長の乃木希典（のぎまれすけ）(注)は慰留を振りきって自ら予備役に退きました。一部の兵士の不祥事は他国のように意図的でも組織的でもなく、処断したのも日本だけでした。日本人として残念なこと

(注) 八カ国連合軍：ドイツのワルデルッセ将軍が総司令官。8カ国とは日本・アメリカ・イギリス・フランス・ドイツ・ロシア・イタリア・オーストリア＝ハンガリー。この争乱については「北京の55日」という映画が有名。

(注) 日本男子：明治維新後、日本政府と軍が共同で留意したことは、国際法を厳正に守ることだった。意図は欧米先進国に未開の国・人と思われることがないように、そして先進国として認めてもらうことで、不平等条約改正を急いだ。常に法を守り、言動は紳士たるものであること。そのため軍では全兵士に国際法を教え、守ることを求めていたので海外での評判は素晴らしかった。しかし、第一次大戦後には世界の五大国になった傲（おご）りもあり、国際法教育を止めてしまい、他国の軍よりはましだったものの、兵のモラルは低下した。誠に残念なことである。

(注) 乃木希典：佐官（大佐・中佐・少佐）時代までは、毎夜のように酒を呑（の）み狭斜（きょうしゃ）の巷（ちまた）（今でいうネオン街）に通うのが日課だったが、1886（明治19）年から2年間のヨーロッパ留学、特にドイツを視察してからは列強の軍事力を知り、軍人として目覚め、帰国後は一変。軍服で寝るほど、軍人としての本分を全う。人格高潔、有徳の将軍として将兵たちからも尊敬の念を集める。日露戦争では難攻不落の旅順要塞（ようさい）攻略の任にあたり、夥（おびただ）しい兵士を犠牲にした。この要塞は、1898（明治31）年にロシアが清から旅順を租借して以来、巨費を投じて厚さ6尺（約1・82メートル）のコンクリート製に改造し、陥落させるには世界最強の陸軍（自分たちのこと）でも3年はかかる、と豪語していた。結局、乃木は4カ月あまりで陥落させているが、多数の兵士が散った裏には、この（乃木）将軍のためなら、という思いがあったからである。戦後は、学習院院長として昭和天皇を教育。1911（大正元）年9月13日、明治大帝の御大喪の日に自裁。辞世は「うつし世（よ）を神さりまし大君（おおきみ）の　みあと志たひて我はゆくなり」。

ではありましたが、日本軍の強さと軍律の厳しさについては、評価を下げるものではありません。
この義和団の乱は、中国の歴史教育では侵略に抵抗したとされていますが、当時は清と各国との条約によって正式に在留権、あるいは権益を得ていた外国への攻撃は国際条約を無視した不法行為です。ましてもっとも軍規を守り、現地の中国人までもが一番に信頼して頼った日本を批判するのは誤っています。

この出来事が単なる争乱に過ぎないということは、すでに中国の歴史学者の間でも認められていて、中山大学の袁偉時教授の『新版中国の歴史教科書問題』（日本僑報社）でも丁寧に叙述されていました。袁氏は現在90歳になりますが、国内の歴史書や雑誌にもこの見解を投稿し、「中国人に真実を見よ！」と促している人物です。近時においては、金文学『われわれが習近平体制と命がけで闘う13の理由』（ビジネス社）で、他の知識人たちと、堂々と習近平国家主席を批判していました。

なお、この騒乱の後に結ばれた「辛丑条約」によって清朝は8カ国に対して４億５千万両（約6億７５００万円）の賠償金を支払い、北京での各国の軍隊の駐留権を認めています。日本もこのときから居留日本人保護の目的で、北京近郊などに軍隊を置くようになりました。

賠償金は清の歳入の6年分という多額なものでしたが、勝利を決定的にした日本への配分は雀の涙ほどで、イギリス・アメリカ・ロシア・フランス・ドイツの間で分けられたようなものでした。しかしこれについても日本は不服を言うことなく従っています。

皆さんに憶えておいてほしいことは、「辛丑条約」によって正式に駐留を認められた件(注)が、のちの日中戦争につながるということです。その件はあとで説明します。

南京事件における真実

◉迫害されていたのはどちらの民族？　偏向教育では教えない史実

満洲については、少なからぬ書が、日本が侵略した地であるかのように叙述していますが、これも事実ではありません。

日本は1904（明治37）年から翌年にかけて、大英帝国イギリスの最強ライバルとされた超強大国のロシアと「日露戦争」をして勝利を収めました。

と言っても日清戦争時のような一方的勝利ではなく、多大な犠牲を払った上での薄氷を踏む思

（注）駐留日本軍：最初の駐留日本軍は1570人。その後、1936（昭和11）年4月17日に広田内閣による閣議決定で5774人になった。同地駐屯の国民政府の第29軍（宋哲元司令官）の人員は12万人。宋哲元は、軍閥の馮玉祥の部下だった人物。馮は「反蒋介石」であり、戦いに敗れたことで下野。宋は蒋の部下となり、第29軍司令官に出世。盧溝橋事件の際、北平（北京）に駐屯していたのが、この軍隊。宋自身は表面上は親日で、他の中国軍人たちからは批判的に見られていた。冀察政務委員会が蒋の命により組織され、その委員長に宋哲元は任命されていたが、中国共産党員が多数潜入していたことで有名。

いでの勝利でした。そしてポーツマス条約によって、ロシアが満洲に持っていた東清鉄道の南満洲支線を日本が譲り受けました。そもそも東清鉄道は、日清戦争後の三国干渉によって、遼東半島を清に返還させたロシアが、強圧的に敷設権を清に認めさせたものでした。ロシアはこの他にも旅順と大連を租借（25年間）するとともに、長春と旅順間の鉄道敷設権も認めさせています。

この三国干渉以後の列強の行為は、まさしく「帝国主義」によるものでした。租借権は周辺の鉄道敷設権や鉱山開発権も附属しているので、列強は勢力範囲を拡大させていきました。

それまで〝眠れる獅子〟と列強に思われていた清は、日清戦争の敗北により列強の餌食となり、「アジアの病人」とまで嘲笑されるようになったのです。

ポーツマス条約ではロシアから賠償金(注)を1円も取れませんでしたが、賠償金のかわりに、北緯50度以南の樺太、沿海州漁業権、朝鮮における政治・軍事・経済上の優越権と指導・保護・支配の権利についてのロシアの承認、関東州（遼東半島の西南端地域）租借地に前述の鉄道など、満洲の権益を譲り受けました。この関東州に司令部を設けた日本の陸軍のことを「関東軍」と言いますが、覚えておいてください。

以上のような経緯で日本の満洲の権益は侵略ではなく、戦争勝利による正当なものでした。

そこで日本は南満洲の鉄道経営のために１９０６（明治39）年に半官半民の南満洲鉄道(注)を設立したのです。鉄道の警備という名目で兵の駐留も清から承諾を取り、さらに権益に関する各規則の遵守についても相互に同意しています。

ところが、条約や国際法を無視するのが当然という清（中国）は、数々の不法行為をして、満鉄や現地の日本人に害を与えていきました。１９１０（明治43）年の韓国併合後は、韓国人（朝鮮人）も日本人として、満洲地方に入植しますが、中国人による迫害が続いています。特に第一次大戦後は、アメリカ大統領ウッドロー・ウィルソンの提唱した民族自決主義(注)の思潮が広まり、

（注）賠償金：それまでは日本をジュニア・パートナー（弟分）として友好的に扱ってきたアメリカのセオドア・ルーズベルト大統領（通称テディ）が、日本の精強さに近い将来のアメリカの危機を感じ取り、日清戦争での賠償金で大規模な軍拡をした日本に、再びの軍拡をさせないため、賠償金の交渉をあえてせずに講和を仲介した。テディは、ボクシング、レスリング、狩猟を愛するタフガイ。後のフランクリン・デラノ・ルーズベルト大統領の大伯父。ルーズベルト家はオランダ系の名門一族としてニューヨークに君臨していた。日露戦争後、テディは軍備増強を急ぎ、１９０７（明治40年）年には日本を敵国とした軍事戦略の『オレンジ・プラン』策定開始。何度か改変の後、大東亜戦争時には『レインボー・プラン』とし、その戦略通りに日本は負けている。

（注）南満洲鉄道：当時の国家予算の半分にあたる2億円という巨額の資本金により設立され、半分は日本政府が出資。長春—大連間の鉄道本線のほか炭鉱、製鉄、汽船、ホテル、映画などの一大コンツェルンを築く。本社は大連にあり「満鉄（まんてつ）」として有名。

（注）民族自決主義：それぞれの民族が政治的独立をして、社会制度や文化を築くべきという思想。しかし、ウィルソンが提唱した対象は第一次大戦後のヨーロッパの国だけであり、アジア・アフリカは対象外だった。その証拠に民族自決の思潮と運動によって独立が認められたのは、ハンガリー、チェコスロバキア、ユーゴスラビアなどヨーロッパの国だけであり、インドをはじめとするアジアや植民地化されたアフリカには、この原則が適用された独立国はない。

中国でも列強の半植民地状態から脱しようという動きが強くなりました。

このときの中国は１９１１（明治44）年に辛亥革命(注)が起こり、翌年に清朝最後の皇帝の溥儀が退位して、中華民国（中国）が建国されていました。と言っても統一された政府や国家ではなく、地方で台頭してきたのちに軍閥(注)となる匪賊（盗賊）たちによる群雄割拠に近い状態でした。彼らは勝手に政府を名乗り、税を取ったり貨幣を発行するという無法かつ混乱状態でした。

そのような状況下の中国で、大学生や知識層を中心としてナショナリズムが広がり、日本と列強は排斥の対象になっていったのです。これを「日貨排斥」と言って日本製品のボイコット、日本商品を扱っている日本人、中国人商人への暴行、日本人への殺人や暴行略奪が続発するようになりました。

それは満洲の地においても同様でした。朝鮮人入植者たちが中国人に襲撃されて虐殺された万宝山事件(注)をはじめ、中村震太郎陸軍大尉殺害事件（85頁参照）など幾多の朝鮮人、日本人襲撃事件や殺人事件が起こるようになります。その被害件数は関東庁警察が扱った件だけで１２９４件、関東軍が取り締まった件数は80件にものぼります。純粋に匪賊による鉄道襲撃は１９３１（昭和６）年２月〜１９３９（昭和14）年４月までの間に１４７５件に達していました。日本はこれだけの不法行為に耐え続けていたことを想像してみてください。

これに対して日本は、中国政府や官憲に再三にわたり取り締まりの強化と、朝鮮人も含めた日本人の保護、権益の尊重を申し入れるのですが、返事ばかりで対策が実行されることはありませんでした。さらに中国は南満洲鉄道に併行して線路を敷いて鉄道を走らせましたが、これは明確な条約違反であり不法行為でした。この不法行為は、中国政府によって行われたのではなく、満洲一帯を縄張りとする軍閥の張作霖によるものでした。しかし中国政府がそれを是正することなく、またこのような軍閥を政府は統制できない状況でもありました。

それなのに、幣原外相は、1930（昭和5）年12月19日に駐中国の日本公使に「満洲における鉄道問題打開策実施上の心得に関する件」という通達を出して、なんと満鉄に致命的影響のない鉄道建設については、中国に援助を与えるとしていたのです。本来の条約では満鉄の鉄道に対して併行線の敷設を認めていない、1000件を軽く超える鉄道襲撃事件が起こっているにもかかわらず、このような寛大過ぎる方針を中国側に伝えたものの、事態は改善しませんでした

（注）辛亥革命：中国のブルジョア民主主義革命。この革命により300年ほど続いた清朝が滅び、2000年に及ぶ専制政治が終わりを告げた、そして中華民国が生まれ、民主共和政治の基礎がつくられる。

（注）軍閥：軍事力を背景に政治的権力を掌握した軍上層部の勢力。中国のこの時代には広西省の李宗仁、雲南省の龍雲、新疆省の盛世才、甘粛省の馮玉祥、山西省の閻錫山、山東省の韓復榘、察哈爾省の宋哲元、綏遠省の傅作義、東三省（満洲）の張作霖など。

（注）万宝山事件：1931（昭和6）年7月、長春近くに入植した朝鮮人と地元の中国人の水争いが原因で発砲事件となりました。その後、朝鮮人への迫害がひどくなったこともあり、日本名を名乗らせてくれと朝鮮人からの要望が増え、これがのちの創氏改名につながった。

（『昭和の歴史4　十五年戦争の開幕』小学館）。

張作霖は、もとは匪賊の頃に日本の憲兵に捕まり、死刑に処されるところを関東軍(注)参謀の田中義一中佐（のちに首相）に救われた男です。田中は張を満洲で使っていましたが、次第に力をつけ、勝手気ままな行動が目立つようになりました。

当時の中国は軍閥の雄である張作霖率いる約50万人の「安国軍(あんこく)」と、国民党の蔣介石率いる約10万人の「国民革命軍」（のちに国民党軍）がありました。軍とは言っても匪賊なので、略奪・暴行・殺人を繰り返す盗賊と同じでした。

蔣介石率いる国民革命軍（北伐軍）は、「不平等条約撤廃」と「外国租界接収」を叫び、排外闘争に明け暮れています。外国租界は、北京・上海・南京(なんきん)にあり、各国の軍隊が駐屯していましたが、これは義和団事件後の条約によって正式に認められていたものです。

最初に蔣介石の排外闘争の標的となったのは、アヘン戦争以来の恨みがあったイギリスでした。これに対抗するために、アメリカとイギリスは、日本に共同出兵を提案してきましたが、このとき外相であった幣原は断ります。

断固たる措置を取らずに、寛容の精神で対応する「軟弱外交」を続けていた１９２７（昭和2）年3月に第一次南京事件(注)が起こったのです。この時の南京の人口は約37万人、在留外国人は約５６０人でした。日本・アメリカ・イギリス・ドイツの領事館があり、日本人は約１００人が在留していました。中国の軍隊は素行が悪いため、各国は自国の居留民を領事館内に避難させていましたが、それを突如として国民革命軍が襲ってきたのです。

日本領事館も襲われ、警備の軍人と領事は所持品も服も奪われました。国民革命軍の兵らは家具や調度品、はては便器まで略奪しています。特にひどい目に遭ったのは日本女性たちで、着物や足袋だけではなく、下着まで剝ぎ取られて集団で強姦されました。さらに子どもたちまで全員が裸にされ、おもちゃや靴まで奪われたのです。

日本人の警察官は胸部を銃剣で刺され、陸軍武官根本博少佐も腹など刺されて重傷でした。

この騒ぎを鎮圧するため、アメリカとイギリスは停泊中の軍艦から国民革命軍に向かって約2時間で200発の砲弾を撃ち込みましたが、日本の軍艦は砲撃が始まると退避しているという状況でした。これは幣原が領事館の領事を通じて抵抗するなと指示していたからです。

海軍軍人と現地の日本人は、この怒りは生涯忘れないと悔しがり、領事館で無抵抗のまま暴行

(注) 関東軍：日清戦争後の1905（明治38）年9月、関東総督府として設置。総督は天皇直属。翌年9月、関東都督府となり、軍政と作戦については陸相と参謀総長の監督、政務は外相の監督を受ける。当初は1個師団程度。1941（昭和16）年には30万人規模となった。満洲事変後、1934年には関東軍司令部も新京（旧長春）に移転し、司令官は全権大使と関東庁長官を兼任、軍政の大権を握る。

(注) 第一次南京事件：北伐軍の南京入城に際し一部の軍民が諸外国の領事館・居留地で略奪・暴行を働いたことに対して、米・英の軍艦が南京を砲撃し多数の中国軍民を殺傷した国際事件。

を受けた荒木亀男海軍大尉は屈辱と自責の念で自決をはかりましたが一命をとりとめています。

この事件について、1921（大正10）年に創立された中国共産党は、「先に砲撃されたから防戦したのだ」と現在に至るまで連綿と嘘の宣伝をしています。これを「第一次南京事件」と呼んでいるのですが、左派の歴史学者は完全にこれを無視しています。

この事件のあと、国民革命軍は攻撃目標をイギリスから日本に変更しました。突然の襲撃に対して、アメリカ・イギリスと違い、何の抵抗も報復もしなかった日本が標的とされたのです。

これには理由がありました。南京事件の少し前に、四川省の万県（ばん）という都市でイギリス艦隊の士官と水兵が殺される事件が起き、イギリス艦隊は万県市街に2隻の軍艦から3700発もの砲弾を撃ち込んだのです。市街は跡形もなく消える惨状となりました。

国民革命軍はイギリスの脅威を知り、日本に狙（ねら）いを変えたのでした。

中国は有史以来、戦乱につぐ戦乱で、成立と崩壊を繰り返してきました。そのため、彼我（ひが）の力の強弱に敏感で、相手が弱いとわかれば徹底して攻めてきますが、逆に強いとなれば避ける。従う方が得だと判断すると抵抗なく行動できるのです。

日本人からすると、幣原の好意を仇（あだ）で返したとも言えますが、この点については外交官として幣原はナイーブ過ぎたのです。外交、あるいは政治において「ナイーブ」とは、世界共通で褒め言葉ではありません。外相を4度も経験したにもかかわらず、幣原は理想主義者であったため、現実と中国人の思想、思考を読み誤まったのです。幣原は、自らの理念に固執するがゆえに、同胞の生命と財産を危機にさらし、日本の国益を損うことになりました。

　この日本の隠忍自重は、将来の悲劇につながります。戦前の日本を代表する東洋史の学者である内藤湖南(こなん)は『新支那論』において１９２４（大正13）年に「日本は隠忍の上にも隠忍して」いるが「結局は破裂するしかない道を辿(たど)っているのである」と見通していました。

　反日左派の歴史家は触れませんが、前出の翌年、１９２８（昭和３）５月に発生した「済南(さいなん)事件」も、蔣介石の国民革命軍10万人は、初めから日本の民間人を襲って暴行・強姦・殺人に及んでいます。このときは約３５００人の日本軍も駐留していたので間もなく救援に来た第６師団の第36旅団と共に防戦し、済南城を占領しました。総司令の蔣介石は下着姿のまま逃走しています。しかし、これが蔣介石にとっての屈辱となり、終戦後に第６師団長だった谷寿夫中将を南京の雨花台(うかだい)の刑場で、衆人環視のなかで銃殺しました。

　国民革命軍は日本人墓地まで荒らし、骨壺(こつつぼ)を壊して骨片を散乱させ、捕らえた12人の男女を惨殺しています。このとき、日本の新聞紙上に「暴支膺懲(ぼうしようちょう)」という言葉が見られるようになり、知識人、一般人の階層を問わずに、中国を罰するべしという声が上がりました。

　日本の権益と現地の日本人の安全にとって脅威となった張作霖は、１９２８（昭和３）年６月に、北京から満洲への鉄路を走る列車ごと爆破されました。この事件は「満洲某重大事件」とし

満洲某重大事件で爆破された列車

て、関東軍の高級参謀、河本大作大佐が仕組んだことになっていました。しかし、ソ連の崩壊に伴って戦時中のソ連共産党の秘密文書が公開されたり、イギリスの諜報機関のＭＩ６が調査をして、ソ連のコミンテルン（注）によるものと報告し、明らかになりました。

従来の歴史では、奉天特務機関（注）の花谷正少佐の手記が日本の月刊誌に発表されている以上、河本が犯人とされてきたのですが、手記は花谷本人ではなく、聞き手が書いたものと判明しています。

では、事実はどうだったのでしょうか。

１９２７（昭和２）年４月、北京にあるソ連公使館を断りもなく張作霖の部隊が急襲し、中国共産党員ら60人を逮捕。重要な書類や金品を奪ったという事件がありましたが、その報復として爆破、暗殺したとされています。

また、他にも１９２０（大正９）年から東清鉄道の利権をめぐって張とソ連の間で紛争が繰り返されており、スターリンはコミンテルンの第7回総会の執行委員会決議で「張をもっとも危険な帝国主義者」とし、ソ連軍参謀本部情報総局（GRU）を使って張の暗殺を試み、失敗したという事実も報告されています。

この「満洲某重大事件」について私も詳細が知りたくて、該当する文献を調べてみました。事件の現場写真を見ると、張作霖が乗っていた列車は線路から外れて斜めに傾き、屋根はほとんど吹き飛んでいるのが見えます。

河本大佐が仕掛けさせた爆弾は線路の上でした。それで屋根まで吹き飛ばすには相当な爆発力が必要であり、そうならば列車は転覆、もしくは列車の下部や車輪や線路がもっと大きく破壊されていなければなりません。しかし、屋根は大部分が吹き飛ぶほどの威力にさらされているのに、下部は原形を保っています。

(注) コミンテルン：「第3インターナショナル」のことだったが、これはレーニンが1919年に各国の共産主義勢力を統合し、指導するために作られた機関。レーニンが没した後スターリンがトップとなり、ソ連はコミンテルンを使って各国の共産党に指示を出してソ連に有益になるよう工作していた。その財源は帝政ロシアのロマノフ王朝から略奪した財宝とも。コミンテルンの活動は諜報や破壊活動が主体だったが、コミンテルンが共産主義革命を起こそうとしたヨーロッパでは、すでに各国の防諜体制が整えられており、混乱状態にある中国に目をつける。1921年7月23日に初めての中国共産党全国第一次全国代表大会が開かれ、コミンテルンの中国支部として中国共産党が創立された。

(注) 奉天特務機関：陸軍の軍事行動の支援のための諜報・謀略機関。

その文献では、爆発はコミンテルンが列車内に仕掛けた爆弾によるものとしていたのですが、つまり、爆発は2カ所で起きたということです。それならば列車の激しい損傷にも納得できます。そしてこれは、イギリス諜報機関ＭＩ６の報告も同じ内容でした。

ＭＩ６の調査では、１９２８（昭和３）年に、ラトビア出身の工作員サルヌイン(注)に対して、張の暗殺指令がコミンテルンから出ていることが報告されています。また同時期に、関東軍内にも張を暗殺したい参謀（河本大作大佐）がいることをスターリンは知っていたのです。これはグリーシカ(注)が奉天（現在の瀋陽）市内の料亭経営者や芸者、商人を工作員にして河本大佐の情報を収集した結果でした。

現実的にも河本大佐の仕掛けた約２００キログラムの爆薬が有効に作用していれば、列車の損傷状態は違っているものになるそうです。

ところで、コミンテルンは、張の暗殺を成功させるために、もっとも強力な人間を共産党のメンバーに引き入れています。それは誰あろう、張の息子の張学良です。

学良はアヘン好きのボンボンとして有名でしたが、父を裏切ってスターリンの手先となったのです。父の死後は軍閥を率いる統領となりましたが、怠惰でアヘンと女に狂うだけの男だったのでした。１９３１（昭和６）年2月、日本国籍を持つ朝鮮人を満州から追い出すべく「鮮人駆逐令」を出し、行き場を失った朝鮮人が入植しようとして万宝山事件へと発展していったのです。

軍閥は支配地域において、強奪や殺人以外にも徴税権を使って向こう10年分まで取るという過酷な税金を取り立てていましたが、学良は取り立てた税の85％を軍事に、15％を部下の役人の給与にし、民生費はゼロでした。ですから貧困を強いられていた満洲の民衆からは嫌われ、恨まれてもいたのです。

徴税(注)に関しては、「比額提奨金制度」が布(し)かれていて、規定の徴収額を超えたぶんには一定の歩合を奨励金として徴税人に支給するので、徴税人は競って民衆から税を絞り取りました。このため、徴税局長の地位でさえ、売買の対象となっていたのでした。

この他にも重要な契機となった事件がありました。１９３１（昭和６）年6月27日に起きた陸軍の「中村震太郎(しんたろう)陸軍大尉殺害事件」です。軍事地誌（今の地形図）調査に向かった中村大尉一行が、興安屯墾(こうあんとんこん)第三団長代理の関玉衡(かんぎょくこう)に捕まり、残虐な殺され方をしたのです。南京の重光葵(しげみつまもる)公使が中華民国政府外交部に厳重抗議をしたところ、即座に王正廷(おうせいてい)外交部長（外相）は日本軍のでっちあげと公言して責任を転嫁しました。この後に万宝山事件も起こっていたので日本の世論は激昂(げっこう)し、中国を膺懲せよという声一色になり、新聞メディアも大いに煽(あお)ったのです。

(注) サルヌイン：サルヌインは暗号名「グリーシカ機関」を作り裏工作を始める。
(注) グリーシカ：グルーの組織の下（または内）でグルーはグリーシカの上部組織。
(注) 徴税：満洲の税は約１３０余種もあった（『満州国は日本の植民地ではなかった』ワック、１３４頁）。

当時の新聞コピーを何部も見ましたが、どの紙面も日本の正当性と中国の非道・不法行為、中国政府への非難で埋められていました。これが当時の日本社会の偽らざる空気であり、日本はやられっ放しだったことを如実に物語っています。

それなのに幣原ら外務省は再三にわたって自重と中国自身による改革を希望し、拱手傍観、つまり何もしない状態でした。

この不作為が中国への誤ったメッセージ(注)となり、日本はどこまでも侮られた面は否めません。事件だけではなく、中国政府が煽動する「反日・排日運動」も激しく、幼稚園から中学校の教育に至るまで反日一色だったのです。その反日は思想だけではなく、度々の日本人・日本商店の殺傷と襲撃(注)にエスカレートし、国際法と中国との条約によって正当に満洲にいた日本人・朝鮮人の生命と財産を脅かしました。こうした人々の危機や感情が、後世の歴史教育では顧みられることなく教えられていることも、歴史の真実を誤る一因となっています。

歴史の書では、その当時の思潮や空気を無視して、起こったことのみを「点」で描くことが普通になっていますが、歴史を作るのも動かすのも人間です。そこには過去の流れから蓄積された国民、民族の感情があるのを軽視してはなりません。それが戦争にまでなるという出来事の中には、人を動かすものが膨れ上がっていることが多いのです。

満洲在住の日本人たちで作る「満洲青年連盟」には次のような逸話が残されています。

「関東軍は刀の抜き方を忘れたか！　腰の軍刀は竹光か」

〝泣く子も黙る関東軍〟の将校に向かって、岡田猛馬がそう罵倒しました。それほどまでに、関東軍をはじめ中国に駐屯していた日本軍は軍事行動を抑えていたということです。

余談になりますが、この満洲では、あまりに排日侮日による日本人への不法行為が多いことに対し、外務省も軍も反応が鈍いので、満洲在住の民間の青年有志が、1928（昭和3）年に「満洲青年同盟」を結成しています。その中に現地で歯科医師をしていた青年がいて、彼は三男の我が子に尊敬する2人の関東軍将校の名前から一字ずつ貰って名前を付けました。2人の軍人とは、満洲事変時、関東軍の高級参謀だった板垣征四郎大佐（のち陸相。陸軍士官学校16期）と、作戦主任の石原莞爾中佐(注)（のち作戦部長。同21期）でした。三男の名前は征爾、父の名は小澤開作といって、ここに後年の世界的指揮者、小澤征爾誕生となりました。

日本人への暴行・殺害・強姦・略奪行為への怒りの蓄積、その鬱屈した憤りが、一気に噴き出

（注）誤ったメッセージ：これにつき『中国の誤りは何か』の著者、ロドニー・ギルバート氏は、「敵が寛大な態度を示すということは、中国人の目から見れば、弱さの徴か、あるいは収賄しようとしているかのどちらか」なのだと示唆している（K・カール・カワカミ『シナ大陸の真相』展転社、114頁）。

（注）殺傷と襲撃：中国による多数の日本人への暴力行為、殺傷事件については、『シナ大陸の真相』で一部を列挙しているが、短期間で多くの日本人が被害に遭っていた。

（注）石原莞爾中佐：少なからぬ書で軍略の天才と呼ばれていますが、一種の変人でもあった。

したのが、満洲事変でした。

満洲事変の真実

◉表面だけしか見ない偏向教育！　これが満洲事変までのプロセスだった

1931（昭和6）年9月18日に、満洲事変は起きました。首謀者は関東軍高級参謀の板垣征四郎大佐と、作戦主任参謀の石原莞爾中佐でした。事変は中国人がやったという名目で、関東軍が仕掛けた爆発を合図に、満洲にいた25万人の張学良の軍隊を、1万400人の関東軍が攻撃し、2カ月たらずで満洲全土を制圧しました。これは日本の権益及び満洲で暮らしている日本人や朝鮮人、中国人などの安全を守ろうという目的を持った軍事行動で、これには張学良に虐げられていた満洲の民衆の協力もあったことを覚えておいてください。

ここで皆さんに知ってほしいことは、満洲事変は日本軍による謀略ですが、侵略のためではないという点です。

明治維新後40年に渡り、欧米列強と結ばれた不平等条約を是正するために、欧米から文明国の一員として認められたい一心で政治体制の確立や、法や条約に基づいた貿易を進めてきた日本でした。それに対して中国は、条約も法も顧みることなく軍隊の武力や匪賊、民衆の暴力まで利用して不当に外国人を迫害し、排斥を繰り返しました。その間、日本政府・外務省・日本軍は何十回、何百回と中国に日本人への犯罪を取り締まるように、あるいは条約を遵守するように要請しています。しかし、返事ばかりで一向に果たされることがないので、他の列強各国のように武力を行使して抑えようと転換したのです。

満洲事変について、現地調査に訪れたアメリカの駐在武官は1931（昭和6）年10月20日に記者会見をして「日本の行動は正しい。しかし、宣伝が下手だ」（『満洲日報』）と述べています。また、『ニューヨークトリビューン』紙は10月26日の社説で、国際連盟の認識不足と中国の身勝手さを指摘し、上海の『ファーイースタンレビュー』10月号は、主筆のアメリカ人、ジョージ・ブロンソン・リーが「日本の自衛権」という論文を掲載しました。

その内容は「中国は自国領土と主張するモンゴルがソ連に侵略されても文句は言わないが、日本にはがなり立てる。他国の領土であろうと、そこに自国民の生命財産の危険があれば自衛権の発動は当たり前であり、アメリカは歴史上これを百回以上やっている。満洲に特殊権益を持ち、20億の投資をしている日本が自衛権を発動するのは当然だ」というものでした。

さらに10月26日に清朝の皇族だった恭親王溥偉が先祖伝来の陵墓がある北陵参拝に40団体2万人を率いて訪れました。数千名というラマ僧の読経のもと、祭文には「日本の正義により蟠居二十年の奸統ここに亡ぶ」となっていたのです。

つまり、20年にもわたって満洲の地で暴虐の限りを尽くしてきた悪党たちが滅んだという意味です。この祭文は現地の人々の心情を如実に表したものでした。

日本の歴史教育では、これらいっさいが無視されているか歪曲されていますが、日本は自衛で立ち上がったのです。何もしない中国を攻撃、侵略をしたということではありません。「満洲事変は、日本の侵略の始まり」などとする書も多いのですが、それ以前に現地の日本人がどのように迫害を受けていたか、その説明がないのは公正とは言えないでしょう。

その迫害とはこれまでに説明してきた通り、単なる商品や交易のボイコットではなく、日本人殺傷事件の頻発をともなう重大なものです。その当事国の中国政府が無力かつ日本人の生命、財産を守る気がない以上、日本は自国で守るしかありません。

当時の『文藝春秋』のアンケート調査には、日本人の声が列挙されています。

「我が軍の迅速な活動により支那（当時の中国のこと、本当は差別語ではありません）各地を占領でき、在留邦人に危険を感じさせなかったことは同胞として大変うれしく思っています」

「満蒙（まんもう）における日支の交戦は、我々が永久に権益を保持する最後の決心であることを、中国と外国にすすんで知らせる事なのである」

「今度の日支衝突は穏やかにすすまさずに卑怯（ひきょう）なる支那人を、二度と日本人に手向かい出来ぬようにとっちめてやりたいと思っております」

「今回の日本軍の行動は当然であると思う。失敗であろうとも成功であろうとも問うところではない。国家には生存の権利がある」

「日支衝突事件につき、是であると信じます。理由は日本民族自活権のため、三千万の満蒙在住中華人民の幸福のため、東洋と世界平和を脅かす禍根を絶つためです。わが国はさらにすすんでこの問題の解決のためには、国運を賭けてでも極力頑張ることを国内と国外に向けて宣言すべきである」

「私は軍部のとった行動はちっとも悪くないと思っている。何の罪もない邦人を虐殺したり、か弱い女性に暴行を加えたりする悪逆無道な支那人に対しては、将来のこらしめの為に、遠慮なく制裁を加えるべきである」

「私の下宿には学生さんがたくさんおいでになりますが、みんな幣原外交を非難しておられます。わたしも外相の行動は悪いと思います。日本国民全体の思想が幣原外相の無能のために、世界に誤解されつつあることをわたしは悲しく思っております」


（以上『日中戦争の「不都合な真実」』北村稔・林思雲　ＰＨＰ文庫）

このように当時の世論は度重なる中国の日本人への不法行為と虐殺に対して強い憤りの感情が圧倒的多数だったのです。

中国は、事変後の9月21日、国際連盟に提訴しました。国際連盟は「日支紛争調査委員会」を組織して委員を現地に派遣していますが、これがリットン調査団（注）です。

調査団は翌年の1932（昭和7）年2月29日に東京に到着後、日中両政府代表から説明を受けて満洲へ向かっています。6月4日まで現地で調査して10月1日に報告書を両国に送達しました。報告書は全10章18万字からなるものですが、「当日の日本軍の行動は正当な自衛とは言えない」としながら、「満洲での日本の特殊事情（権益）を認める」となっています。

ここで報告書の概要を示しておきましょう。

「匪賊は支那において絶えたことは一度もなく、政権はいまだかつてこれを掃滅できた例がない（中略）悪政の結果として支那各地で頻発する地方の騒乱・反乱を挙げることができる」、「日本は支那にいちばん近い国で、また支那は最大の顧客だから、日本は（支那の）無法な状態によってどこの国よりも強く苦しんでいる。支那における居留外人の三分の二以上は日本人だし、満洲における朝鮮人（この頃は日本国民）の数は約八十万人にのぼる。従って今のような状態のままで（中略）苦しむ国民がいちばん多いのは日本である。そこで条約上の特権に代わるような満足な保護が期待できない場合は、到底支那側の願望を満足させることは不可能だと感じている」

など、現地での状況を公正に把握していました。

ところが、この報告書を審議した国連総会は日本の主張を全面的には認められないとしました。

この結論については日本と中国は共に不満の意を発表しています。

日本の主張が全面的に認められなかった事情

◉宣伝ベタの日本外務省の不作為は昔から

度重なる中国人からの迫害から自国民を守るために行動した日本軍の行為は、なぜ、自衛と認められなかったのでしょうか。

これには中国側が仕掛けたプロパガンダ(注)と、欧米列強を中心としたヨーロッパ諸国の思惑がありました。

まず、中国のプロパガンダですが、満洲住民からの1550通もの「日本批判」の投書がリットン調査団に寄せられています。しかし、これは反満洲国派の勢力による投書キャンペーンというプロパガンダでした。このときの満洲にいる住民の大半は「反張学良」であり、国民党と共産党によるキャンペーンにうまくやられたというところです。

このプロパガンダは中国政府主導のもとで、新聞を使った大々的な反日キャンペーンのほか、

(注) リットン調査団：委員長はインドの元ベンガル総督のリットン伯爵（イギリス）、委員はルイージ・アルドロヴァンディ・マレスコッティ伯爵（イタリア）、ハインリッヒ・シュネー博士（ドイツ）、アンリ・クローデル陸軍中将（フランス）、フランク・ロス・マッコイ少将（アメリカ）というメンバーで構成されていた。

(注) プロパガンダ：特定の思想や信条を押しつけるための宣伝。おもに政治的な面で行われる。

ありもしなかった日本人による中国人への不法行為（暴力事件や商店などへの襲撃事件）を捏造するなどしていました。残念なことは、真実はおのずとわかるものという日本的思考で外務省が何ら有効な対応をしなかったことです。このことにより、虚偽の投書の内容が事実のように流布されてしまいました。国際外交の場では現在も続く外務省の不作為は、相手の主張を認めたことになるだけなのです。

また、リットン調査団の報告書が発表される直前、1932（昭和7）年3月に駆け込むかのように清朝最後の皇帝、溥儀（ふぎ）を執政（のちに皇帝）とする満洲国（注）を建国させたこともあり、それは一部の歴史家が日本軍による強制であり策略、そして傀儡（かいらい）政権だったという評価も多いのですが、実情は異なります。

溥儀本人の積極的な意思によるもので、それは溥儀の家庭教師だったスコットランド人のレジナルド・F・ジョンストンが『完訳 紫禁城の黄昏（たそがれ）』（祥伝社刊）に書いています。なお、同書の岩波書店版では日本の正当性を叙述した冒頭の序文が削除されています。

もともと満洲では「保境安民派（ほきょうあんみん）」と「連省自治派（れんしょうじち）（注）」による独立論が勢力を保っていたので、張学良の軍が関東軍に蹴散（けち）らされたのを機に独立の機運が膨れ上がったのでした。

そして、国際連盟総会で日本の主張が認められなかったもうひとつの理由は、ヨーロッパ諸国の思惑です。

まず、すでに中国に租界や権益を有している列強としては、排日の機運が強まり、それに便乗して外国人排斥、外国製品ボイコット運動へと拡がることへの懸念がありました。列強各国も中国国内で自国の権益の他に自国民の生命・財産の安全を守ることが重要であり、日本が行動を起こすことによって中国人を刺激することを嫌っていたのです。「とにかく日本よ、静かにしていてくれ」というのが本音だったのです。

また、列強以外のヨーロッパ諸国にすれば、日本のような強国が軍事行動で相手国を制圧することを容認すると、国際協調を理念と唱えつつも、実際は強国が帝国主義を推進して、力のない国は同じ目に遭う、という共通の不安や不信があり、日本の主張は退けようとなったのです。

もう少し言うと、開国後の日本が想像をはるかに超えるペースで台頭してきたことへの嫉妬(しっと)や懸念が、黄色人種という人種蔑視(べっし)とともに発生してきたことも否定できません。それとともに欧

(注) 満洲国：建国にあたり満洲民族と漢民族、蒙古(モンゴル)民族からなる「満洲人」「満人」による民族自決の原則に基づく国民国家であるとし、建国理念として日本人・漢人・朝鮮人・満洲人・蒙古人による五族協和と王道楽土を掲げた。建国以降は日本、特に関東軍の強い影響下にあり、当時の国際連盟加盟国の多くは満洲地域は法的には中華民国の主権下にあるべきとし、これが後に日本が国際連盟から脱退する原因となった。ただし実情は近代的で美しい街並みで、わずか10年で国家財政は16倍となり、鉄道総延長は6000キロが1万2000キロに、初等学校児童数50万人は250万人となり、戦後の日本経済の手本ともなった。

(注) 連省自治派：新国家建設を目指す派閥で、満洲事変後各地の実力者が集結し「各省の自治の下、中央政府が各省との調整に当たる」と提唱した考えによる勢力。

米列強諸国は、常に自分たちに有利なようにルールを作り変えている点も重く見るべきです。これは現代にも変わらず続いています。

このあたりは、当時の日本の外務省の読みが浅く、調整不足とも言えました。満洲事変についての見解は、列強の間でも割れていました。

イギリスのように争い事は起こしてほしくないが、日本の主張は尊重できるという国と、アメリカのように日本を非難する国です。アメリカのその見解の根底には、他のヨーロッパ列強に比べて中国進出が遅れ、満洲に権益を持ちたいと画策しながら、日本に拒絶された恨みもあったと言えます。

盧溝橋（ろこうきょう）事件の真実とは？

◉隠忍自重の日本を駆り立てたのは何だったのか？　度重なる挑発をする中国

少なからぬ書で日中戦争は1931（昭和6）年9月の満洲事変から始まり、1945（昭和20）年8月の終戦までの十五年戦争としていますが、正しくは、間に塘沽（タンクー）停戦協定(注)があるので、1937（昭和12）年7月の盧溝橋事件から終戦までの8年間となります(注)。

盧溝橋は別名マルコ・ポーロ橋とも言われる美しい橋でした。場所は北平（ペーピン）（のちの北京）郊外にあります。

時は１９３７（昭和12）年７月７日の夜10時頃です。夜間演習をしていた支那歩兵旅団歩兵第１連隊の１個中隊の多くの兵士が、実弾発射音と弾丸の飛翔音（ひしょうおん）を耳にしました。

他方、この地にいた国民党軍の第29軍にも銃声と弾丸の飛翔音が聞こえて大混乱となります。双方共に相手が撃ち込んできたのだと解釈したからです。

これは中国の歴史教科書では当然のように日本軍が撃ってきたと記述されていますし、日本でも多くの書が日本軍が撃ったと「されている」と記述しているのですが、事実は違いました。これは、日本軍と国民党軍を戦わせたい毛沢東の共産党の策略です。実行計画の起案者は、のちに毛に指名されて中国の国家主席となる劉少奇（りゅうしょうき）、実行者は隷下（れいか）にいる共産党軍の兵士です。

事件当時、この近辺には義和団事件の終結による「北京議定書」で８カ国に正式な駐屯権が認められていました。日本も約５７００人の兵士が駐留し、第１連隊は北平に、第２連隊は近くの天津（てんしん）に配置されていたのです。

対する中国側は歩兵４個師団、騎兵１個師団と１個旅団、２個独立混成旅団からなる第29軍の７万５０００人が北平周辺にいました。軍長は、軍閥あがりの宋哲元です。

（注）塘沽停戦協定：１９３３年（昭和８）５月、塘沽で関東軍と中国国民政府軍と交わした停戦協定。この協定により満洲国は事実上中国本土から分離された。

（注）盧溝橋事件から終戦までの８年間：習近平国家主席は２０１７（平成29）年に「十四年戦争」とするよう通達を出している。

銃撃事件について日本軍は政府に報告したところ、陸軍参謀本部も天津軍も不拡大で方針が一致しています。現地では翌日の7月8日に、北平大使館付陸軍武官補佐官の今井武夫少佐と、秦(しん)徳順(とくじゅん)北平市長が会談し事件不拡大で一致していましたが、具体的な解決策には至っていません。

9日になり、日本は臨時閣議において、杉山元(はじめ)陸相(注)が、現地の日本人保護も兼ねて3個師団の派兵を主張しますが、戦争誘発の危険性があると他の閣僚が反対して見送られました。

しかし、その日、現地では第29軍の兵士が日本軍に発砲し日本軍も応戦、険悪な空気になっています。その後、中国側と交渉が続くのですが、なかなか妥結しません。中国側は各地の兵士を北平に召集し、それを知った日本側は11日に関東軍より2個旅団、朝鮮軍より1個師団、内地（日本本土）から3個師団の派兵を決定しました(注)。

当時の日本は、領土も広く、あちこちに駐留軍を置いていた強力な国家で、国際的にも強い立場でした。イギリス・フランスなどは、日本の機嫌を窺(うかが)っていたほどです。ただし、それで調子に乗ったという面は否定できず、反省すべきことでもありました。

7月11日に現地での停戦協定が成立して、日本は内地からの3個師団の派兵を見送っています。しかし、7月13日には大紅門(だいこうもん)事件(注)が起き、ここで日本は宋哲元の正式陳謝や馮治安(ふうちあん)師長（師団長）の罷免を含む強硬策を決定します。

盧溝橋事件が発生してから、中国全土で日本軍に対する徹底抗戦運動が起こっていました。これは自然発生的なものではなく、中国共産党の反日運動の成果でした。

7月17日には蔣が廬山（ろざん）において「最後の関頭（かんとう）演説」をしています。関頭というのは分岐点という意味で、蔣は「いよいよ、決戦の時が来たぞ！」と部下たちに意気込みを話したのです。これにより、中国側の士気は格段に上がりました。

勇ましく演説した蔣ですが、本心は違いました。のちに蔣の秘書だった周佛海（しゅうふっかい）は『回想と展望』（1939年7月刊）で蔣が周りの勢いに抗しきれず、戦うべきと演説したことを述べています。さらに周は「抗戦！」と叫ぶ中国人たちに対して、馬鹿者でない限り日本との戦争は継続できないし、運よく中国が勝てるはずもないことを理解していたと述懐していました。

このように中国国内では、多くの人が戦争の拡大と継続が不可能と知りながら、全面的持久戦

（注）**杉山元陸相**：戦前は陸軍大臣と海軍大臣がいた。杉山は大東亜戦争時に陸軍の参謀総長となる。「グズ元」と呼ばれ決して切れ者ではないが、夫人は勇猛で、敗戦後になかなか自裁しない夫に向かって「まだ召されない（切腹しない）のですか」と詰め寄り、杉山が自裁するとあとを追った。杉山の自裁が遅れたのは戦後処理のためだった。

（注）**3個師団の派兵**：師団は平生、約1万人から1万2000人、旅団は4000人前後だが戦時中は倍になる。朝鮮軍とは朝鮮は日本領だったので日本軍の朝鮮駐留軍。関東軍とは遼東半島の旅順や大連のある地域にいる日本軍の呼称。

（注）**大紅門事件**：1937年7月13日、北京の大紅門で日本軍のトラックが中国軍第38師（団）に爆破され日本兵4名が死亡した事件。

争を叫んだのです。それには一つの目的もありました。抗日を叫ぶことで、蒋の失脚を狙ったのです。ところが、蒋はそれを見抜いて、彼ら以上に抗戦を声高に主張するようになり、その結果、とうとう引き返せないところまで行ってしまったのでした。

ここで蒋の本心を開陳しましょう。蒋が各地の軍閥と闘っていたときの１９３０（昭和５）年。甘粛省の軍閥のボスである馮玉祥（ふうぎょくしょう）と抗日戦争の件で激論を交わしています。
「銃でも及ばず、砲でも及ばず、教育訓練でも及ばず、機械でも及ばず工場でも及ばない。何をもって日本と戦うのか。もし日本に抵抗すれば、せいぜい３日で国は亡んでしまう」と蒋は言ったのです。

また、「当面の国力は抗日するには十分ではない。もし大規模な戦争を引き起こしたならば、必ず亡国の禍にみまわれる。それゆえ恥を忍んで戦争を避けるのである」とも語っています。とは言え、「和すべき」とは公然と言えず、全国の民衆を一致させて日本と戦うために、中国統一の戦いが先だという新理論を作ったのでした。

蒋は若い頃に日本に留学し、陸軍士官学校に入るための予備校に通うかたわらで、厚意によって新潟の陸軍部隊への入隊を許されています。そこで日本の軍隊の強さや規律の厳しさを肌で知っていました。ですから、まとまりがない中国軍兵士との圧倒的な差を見抜いていたのです。

一方の日本軍は、事件についてどのように考えていたのでしょうか。

これは、明確に「不拡大派」と「拡大派」に分かれました。

「不拡大派」の筆頭は、東京の陸軍参謀本部第一部長という要職に就いていた石原莞爾少将でした。覚えていますか、石原は満洲事変を企画した関東軍の主任参謀です。

第一部長というのは作戦の立案が主任務です。石原は盧溝橋での事件が発生したとき、即座に事件も不拡大、現地解決という方針で陸軍内部の意見を統一しようとしました。その理由は満洲国建設の完成と、仮想敵国のソ連に対しての軍備拡充の方が重要と考えていたからです。

しかし、同じ陸軍内では中国を叩きのめしてしまえという「拡大派」も少なくありませんでした。その筆頭は武藤章(注)でした。武藤は陸軍士官学校では石原の4期後輩、参謀本部では石原が上司にあたりますが、逆らったのです。このときの陸軍は上官には絶対服従という不文律が崩れて、下剋上の空気が漂っていたそうです。

陸軍内部は不統一の中、現地では中国軍による日本軍への攻撃や、日本兵の殺傷事件が続きました。7月25日、軍用無線修理中の日本軍の中隊が包囲され攻撃を受けた「廊坊事件」、翌26日、北平の日本人居留民保護のために中国側の了解を得て北平の広安門を通過中のトラック部隊が中

(注) 武藤章：陸軍の中枢である軍務局長を経て、終戦時はフィリピン攻略のために山下奉文大将率いる第14軍の参謀長となった。東京裁判で絞首刑となった。ちなみに山下奉文は「マレーの虎」と呼ばれた猛将で、それゆえにマッカーサーに恨まれた。フィリピンでの軍事裁判で絞首刑となった。

国兵らに乱射され、死者2名と負傷者17名を出す「広安門事件」です。

これに対して日本は報復せず、内地3個師団の動員命令を出しました。北平では7月27日未明から2200名の日本人居留民を治外法権の東交民巷（トンチャオミンシャン）に集めますが、中国軍が包囲したので交通と通信が遮断されます。

この緊迫感はなかなかわからないでしょうが、居留していた日本人たちの胸中は、いかばかりかと推察できます。

そのような背景のもとに、大事件は起きました。

通州（つうしゅう）事件の真実　真の大虐殺が始まった！

◉最初から無防備の民間人を襲った暴挙！　この悪質さを知っておくべき

1937（昭和12）年7月29日のことでした。比較的安全と思われた通州の地で午前2時に、中国人による保安隊3000名余りが一斉に蜂起し、日本人居留民を襲ったのです。惨殺された民間の日本人は婦女子も含めて223名にのぼり、その殺し方は残虐非道の極みでした。この事件は、戦後の日本を占領統治したGHQと中国が消したかった歴史のひとコマでもありました。

事件の翌日に現場に急行した支那駐屯歩兵第2連隊の桜井文雄小隊長は、事件の惨状について、戦後の東京裁判宣誓口述書において次のように述べていました。

「守備隊の東門を出ると、ほとんど数間間隔(けん)（1間は約1・8メートル）に居留民男女の惨殺死体が横たわっており、一同、悲憤の極みに達した。鼻に牛のごとく針金を通された子どもや、片腕を切られた老婆、腹部を銃剣で刺された妊婦等の死体がそこここの埃箱(ちりばこ)の中や壕(ごう)の中などから続々出てきた。ある飲食店では一家ことごとく首と両手を切断され惨殺されていた。婦人という婦人は14、15歳以上はことごとく強姦されており、旭軒では7、8名の女は全部裸体にされ強姦刺殺されており、陰部に箒(ほうき)を押し込んである者、口中に土砂をつめてある者、腹を縦に断ち割ってある者等、東門近くの池には首を縄で縛り、両手を合わせてそれに八番鉄線（太い針金）を貫き通し、一家6名数珠(じゅず)つなぎにして引き回された形跡歴然たる死体があった。池の水は血で赤く染まっていたのを目撃した」

　また、天津歩兵隊長及び支那駐屯歩兵第2連隊長の萱島高(すがしまたかし)は「旭軒では40から17、18歳までの女7、8名が皆強姦され、裸体で陰部を露出したまま射殺されており、その中の4、5名は陰部を銃剣で突き刺されていた。商館や役所に残された日本人男子の死体はほとんどすべてが首に縄をつけて引き回した跡があり、血糊(ちのり)は壁に散布し、言語に絶するものだった」

　保安隊兵士に混じって暴徒化した中国人民衆も虐殺や強姦殺人に加担しているのがわかります。このように現代の私たちには想像し難い状況で虐殺されたのです。より詳しく知りたければインターネットで「通州事件」を検索するか、加藤康男『慟哭(どうこく)の通州――昭和十二年夏の虐殺事件』

東京日日新聞
號外
通州で邦人避難民
三百名殆んど虐殺さる
半島同胞二百名も氣遣はる

通州事件では日本人が300人殺されたとも

（飛鳥新社）という書もあるので参照してください。

この事件により日本の世論はさらに暴支膺懲の怒りの声で沸騰しました。これだけの事件であるのに、左派の書く歴史書や、毎日の出来事を載せている岩波書店の『近代日本総合年表』第4版の一刷には登場しません。どうあろうと非は日本だけにある、中国に非はないという論理を崩したくないという信条が、このような極度の虚偽と偏向につながっています。

通州事件は議論の必要が皆無の虐殺事件でした。初めから軍隊が隊として非武装の民間人を殺す目的で襲ったのです。兵士同士の戦闘においてのコラテラルダメージ（戦闘に付随しての民間人への被害）や、一部の兵士の不法行為ではありません。

計画的に日本の民間人を殺戮（さつりく）すべく、軍が統一行動をとった結果でした。

通州事件の首謀者は明確に個人を特定することはできませんが、冀東防共自治政府下の保安隊の張慶余第１総隊長と、張研田第２総隊長は国民党と通じていたことがわかっています。その目的はただ一つ、日本を怒らせて戦争に引き込むことにありました。

戦争と言っても、日本軍が戦う相手は蔣介石率いる国民党軍です。後述しますが、現代の中国が、日本と戦ったのは共産党としているのは全くの偽りでしかありません。日本軍の相手は国民党軍であり、そのときの共産党は逃げ回り、潜んで戦争の帰趨を眺めていただけでした。

紙数の都合で細かく例を挙げて説明できないのが残念ですが、中国の日本に対する挑発や、軍や民間の日本人虐殺事件は、盧溝橋事件の前では１９３５（昭和10）年の上海での中山秀雄１等水兵射殺事件、翌年の漢口での領事館巡査射殺事件、上海の萱生鑛作射殺事件、湘南旅館爆弾事件、日本人４名が殺傷された成都事件、商店主が殺された北海事件、１９２７年４月の漢口事件、上海事件など頻発していて、日本はそれでもまだ堪え抜いて戦争を避けていました。しかしこのあたりのことは日本の歴史教育ではいっさい教えていません。

国民の間には中国に対する憤懣は最大に達していたのです。軍部においても同様で、国民からなぜ戦わないのかという非難にも耐えていました。

日本は何とか対話で解決しようと努力していましたが、「対話で解決する」というのは言葉の響きとしても美しいものですが、相手に確固とした意図・目的がある場合には、それを尊重する以外の解決はありません。尊重して譲歩することによって、自分の側が死活的条件を受容しなくてはならないのであれば、対話の意味はないでしょう。

当然、政府・政治家・軍部の内部でも中国を懲らしめるべきという「主戦派」と、対話でいこうという「和平派」の闘争が起きていますが、昭和天皇は戦争を望んでいなかったこともあり、「陛下の思し召し(おぼしめし)は和平」という大義を以ってぎりぎりのところで抑止していたのでした。ここで確認しておきますが、「拡大派」「主戦派」と命名されている人々の目的は戦争ではなく、一撃和平、一撃膺懲というものです。日本軍の精強さを痛感させ、以後は中国の無法を繰り返させないというのが主たる目的でした。

しかし、それでは困るというのが、中国共産党の本音です。日本が国民党軍と戦ってくれなければ、国民党軍は共産党を追いつめて壊滅させてしまいます。蔣介石の目標は、共産党撲滅と中国統一です。情況的には圧倒的に国民党が優勢であり、蔣介石の本音としては勝てる見込みのない日本軍相手の戦闘など望んでいません。内心では「日本よ、こらえてくれ」と祈っていたのです。その点では、日本は耐え過ぎたあまり、逆に中国民衆と軍人になめられたところもあったと言えます。

通州事件について詳述すると、まずは1935(昭和10)年11月24日に、中国の華北地域(華北五省のことで、河北省・山東省・山西省・察哈爾省・綏遠省)にて、軍事的に安全地帯としての自

郵便はがき

料金受取人払郵便

牛込局承認

8133

差出有効期間
2023年 8 月19
日まで
切手はいりません

162-8790

東京都新宿区矢来町114番地
神楽坂高橋ビル5F

株式会社ビジネス社

愛読者係 行

ご住所　〒 TEL：　（　　）　FAX：　（　　）		
フリガナ お名前	年齢	性別 男・女
ご職業	メールアドレスまたはFAX メールまたはFAXによる新刊案内をご希望の方は、ご記入下さい。	
お買い上げ日・書店名 年　月　日　市区町村　書店		

ご購読ありがとうございました。今後の出版企画の参考に
致したいと存じますので、ぜひご意見をお聞かせください。

書籍名

お買い求めの動機

1　書店で見て　　2　新聞広告（紙名　　　　　　　　）

3　書評・新刊紹介（掲載紙名　　　　　　　　）

4　知人・同僚のすすめ　　5　上司、先生のすすめ　　6　その他

本書の装幀（カバー），デザインなどに関するご感想

1　洒落ていた　　2　めだっていた　　3　タイトルがよい

4　まあまあ　　5　よくない　　6　その他(　　　　　　　　)

本書の定価についてご意見をお聞かせください

1　高い　　2　安い　　3　手ごろ　　4　その他(　　　　　　　　)

本書についてご意見をお聞かせください

どんな出版をご希望ですか（著者、テーマなど）

治政府創設が提案され、早稲田大学出身で日本人女性を妻に持つ殷汝耕（いんじょこう）（注）が「冀東（きとう）防共自治委員会」を発足させました（12月25日に「冀東防共自治政府」と改称。冀とは河北省のこと）。親日政府の誕生です。

これに対抗して発足したのが、「冀察政務委員会」で、蔣介石の意向により、宋哲元が委員長に任命されました（察は察哈爾省のこと）。この殷の政府につき、蔣の率いる国民党の南京政府は政府として認めていません。ただ、バックには強力な日本軍がいるので、あからさまに攻撃できない状況でした。

しかし、この殷の政府には本人の知らない間に、中国共産党の人民戦線運動に感化された兵士が数多（あまた）いたのです。他にも宋哲元下の冀察政務委員会幹部から強力な働きかけを受けていました。ここに着目したのが中国共産党です。何が何でも日本軍に戦闘をさせなければ、自分たちが蔣介石と国民党軍に征圧されてしまうという事情により、冀東防共自治政府の幹部に工作活動を続け、このままでは親日本の裏切り者になってしまう、そうではないことを南京の国民党政府にも見せなければ、その身が危なくなると脅し、7月29日の凶行に走らせたのでした。当日、日本軍は殷の政府をすっかり信用していたので、110人の兵員のみを残して出動していたのです。そして、

（注）殷汝耕：1885〜1947年。1917（大正6）年、早稲田大学政経科卒。冀東政権樹立で国賊となり、戦後、処刑された。

前述のような惨い虐殺事件が起こりました（『日中戦争の真実』黒田紘一、幻冬舎ルネッサンス新書）。というわけで、通州事件は共産党の画策によると考えられるのです。

何であろうと日本が悪いと感じさせたい左派の書では、日本人が虐殺されたり、迫害されたことを示さずに、中国を侵略することだけが目的で、日本から戦争を仕掛けたなどの虚偽の歴史を描いているのが実情ですが、よくよく調べて真実を知ってください。

日中戦争へ加速していった真実とは

◉不拡大が基本だった日本！　天皇陛下も不拡大と

大半の書では盧溝橋事件を日中戦争の本格的な起点としていますが、厳密に言えば違います。

7月29日に宮中に参内した近衛文麿首相に、昭和天皇が「このへんで外交により問題を解決してはどうか」とお言葉があったのです。

昭和天皇は各省庁・軍部からの報告を優れた記憶力で頭に刻み込み、情勢を現実的に分析する超一級の政治家でした。これは天皇陛下だから実態以上に称揚、過大評価するのではなく、多くの資料を読み込んだうえでの私の思いです。

加えるならば、昭和天皇は政府・省庁・軍部の高官・幹部の人となりでさえ記憶し、人間性や思考パターンを把握していました。その点からしても、君臨するだけの君主ではなく「異能の君主」だったと、日本人として誇りに感じます。

昭和天皇のお言葉は直ちに陸軍にも伝えられ、一挙に和平に向かっていったのです。最初に検討された交渉案は、従前の軍事協定のいっさいの解消です。具体的には特定範囲の非武装地帯設定、日本駐屯軍の兵力を盧溝橋事件前に戻すこと、停戦交渉成立時には従来のことは忘れ、真に両国の親善を具現化すること、というものでした。

さらに外交が進展すれば、日支防共協定を締結する、排日取り締まりを徹底する、日本機の自由飛行を廃止する、支那による満洲国の承認、または今後は問題にしないという合意などが図られ、中国において日本が有する治外法権の権利を放棄し、経済援助もしていこうという内容を予定していました。

以上の内容は中国にとっては大歓迎といえる条件であり、特に治外法権撤廃と経済援助が実現すれば、他の列強との交渉にも有利に働きます。

交渉は順調に進む予定だったのですが、現地の外務省の川越茂大使の伝え方が要領を得なかったために、まとまりませんでした。中国が関心を示すであろう項目につき、具体的に提示しなかったのです。

この失態について、外務省は記録にも残していません。政府や軍部に対しても自分たちの非である以上、正確な説明はされませんでした。

日中戦争のきっかけとなった上海事変の真実

◉これこそが戦争の原因！　忍耐の日本も限界だった

このような情勢の中、新たな火種、上海事変が起こったのです。1937（昭和12）年8月9日、上海で偵察行動中の日本海軍陸戦隊の大山勇夫中尉と斎藤與蔵1等水兵が、中国の保安隊に惨殺されたのです。中国の保安隊は最初に停車を命じたところ、日本側が無視して発砲し、保安隊員1名が射殺されたので、応戦したという説明でした。

しかし、偵察行動中の日本の将校が意味のない発砲をするとは考えられません。まして、相手は多数の兵力です。日本側の検死では、大山中尉の車のフロントガラスに数発の弾痕(だんこん)があり、運転者の頭を狙ったことは明らかでした。さらに2人の遺体はひどく損壊されていて、日本側が激怒するようにと細工したとも言われています。

この件について、前出の『日中戦争の真実』には、潜入共産党員だった南京上海防衛隊の張治中(ちょうじちゅう)司令(注)が、蒋介石に日本軍攻撃を決断させるために仕組んだと記述していました。1人の中国人死刑囚に中国軍の軍服を着せて射殺し、これを大山中尉らが先に発砲したように見せかけたのです。それに対し、日本側は穏便に処理したい意向を示しましたが、張は攻撃許可を求めるため、蒋を責め立てたと同書では指摘しています。

大山中尉がなぜ偵察していたのかというと、上海に集結してくる中国軍が、駐留日本軍に比べて圧倒的に多くなりつつあったので、その現状を調査するためでした。逆に考えると、それだけ中国軍には戦闘意欲が高まっていたとも言えます。

このとき、上海に駐留していた日本兵は、海軍陸戦隊２５００名、漢口から引き揚げた特別陸戦隊３００名、呉と佐世保から派兵された特別陸戦隊１２００名、軍艦「出雲」の陸戦隊２００名、他３２０名の計４５２０名余りでした。それに対して蔣介石の部隊は、中国屈指の精鋭部隊約3万名であり、さらに増員の途上にありました。

ここで「精鋭部隊」と形容したのには確たる理由があります。

中国建国後、１９６０年代に入り、共産党高級幹部として毛沢東に軍を任された林彪は日中戦争時、共産党の八路軍の師団長でしたが、中国の兵についてこのように述べています。

「中国の兵士には軍事常識がなく、戦場で身を守る術を理解しておらず、戦闘に際してことさら

（注）張治中司令：（注）張治中司令：１９１６年に保定陸軍軍官学校第3期歩兵科卒業。蔣介石の下で陸軍第二級上将。蔣介石の忠臣と見られていた。しかし、張は古くから中国共産党と親密に接触していた。戦後、蔣介石の中華民国で総統府行政院政府委員となり、最高の栄誉である「青天白日勲章」を受章。それなのに、毛沢東の中華人民共和国では短期間のうちに国防委員会副委員長、全国人民代表大会常務委員会副委員長に上り詰めている。蔣介石の部下なのに処刑もされず不可解な点が多い人物。通説では１９３７（昭和12）年8月の上海事変を引き起こし、日本軍と蔣介石を戦わせて、劣勢だった毛沢東の中国共産党を守った功績とされている。

に死傷者が多かった。訓練を受けている日本兵は戦闘に際して匍匐姿勢で散開し、前進しつつ射撃する。中国兵は多くの場合、立ったままかしゃがんで射撃する。その上一団となって進むので目標が大きくなり容易に銃弾に命中してしまう――」

古来、中国では「良い鉄は釘にならない(注)」という、軍人を蔑視した風潮がありました。そのうえ、兵士に対する教育と訓練も十分ではなく、中国軍の死傷率は日本軍の10倍前後に達していたのです。

中国との戦闘で日本軍が最大の死傷者を出したのは1937(昭和12)年8月の上海での戦闘で4万名前後ですが、対する中国軍は40万名以上となっています。

このような現実は、中国に浸透していた愚民思想が原因でした。古代、孔子は人間を3種に分類していました。「生まれながらに知る者」「学んで知る者」「学んでも知らぬ者」です。

中国で絶対多数の民衆は「学んでも知らぬ者」であり、これらの民衆は支配階級にはなれず、「生まれながらに知る者」と「学んで知る者」に従うだけとされていました。この思考は建国の父と称される孫文も踏襲し、現代の中国においても同じです。

このような思想のもとで、最下級の兵士には軍事教育も不要とされていたので、中国軍兵士にモラルはなく、戦闘より略奪・強姦・殺人に明け暮れたと言えます。中国では弱い者が悪いのだという人生観があるのもこのためです。

また、孫文や魯迅をはじめ、多くの知識人・文化人が口を揃えて言うように中国民衆はバラバラの砂粒です。凝集性がなく「ナショナリズムの強制」という接着剤がなければ結集しません。現代であれば、反日が接着剤です。

また戦うことより自己の都合を優先するので、旗色が悪いとすぐに戦場を放棄して逃げてしまいます。中国軍では、戦場後方に銃や機関銃を持った督戦隊（とくせんたい）がいて、逃亡しようとしたり戦意を喪失した兵士を射殺するのです。

ところが、蔣介石の精鋭部隊は別でした。

この部隊は蔣介石の直属の第87師（師団）、第88師、第36師のことです。この3つの部隊は「教導総隊」として設置されていました。正規の訓練を受けた将兵（将校と兵士）たちであり、それも教育係はドイツの将校たちですから、精鋭部隊であったのです。蔣は1936（昭和11）年4月にドイツと「ハプロ条約」という秘密条約を結んで、ドイツの高級軍人を顧問団として招いていました。

日本が和平の道を求めている間に、上海には続々と精鋭部隊を含む各地の部隊が集まってきます。蔣が全国総動員令を発令して大本営を設置した8月15日に2師団、17日にさらに増えて7万

（注）良い鉄は釘にならない：中国のことわざに「良鉄は釘にならず、良民は兵にならず」という言葉があり、くず鉄が釘になり、良い人は兵にならないという意味。

名を超えました。日本も増援を求めますが、19日になって、やっと6300名。10倍以上の中国軍に対して、持ちこたえられなければ通州事件のような惨事になる可能性もあります。

しかし、戦争は待ってはくれません。8月13日午前10時半、戦闘態勢十分な中国軍が、日本軍を機関銃で撃ちまくり、戦いの火蓋が切って落とされたのでした。

この事変の間となる8月21日に、蔣はソ連と「中ソ不可侵条約」を結んでいます。この秘密協定では年内に航空機360機、戦車200両、トラック1500台、ライフル15万挺、砲弾12万発、銃弾6000万発と、各部門の技術者が供与されることになっていたのです。いかにソ連が日本に戦争をさせたかったのかが窺えます。そしてさらに、「可能なかぎり長く戦わせる」ことも目的にしていました。

この攻撃を受けて、耐えに耐えて自重していた帝国海軍特別陸戦隊の大川内傳七司令官が、当日午後5時、全軍に戦闘配置を命令し、上海事件は上海「事変」となって始まりました。

翌8月14日には中国空軍機が日本艦隊に爆撃を開始し、15日には日本の海軍機が中国空軍の基地を爆撃しています。兵力差からすれば日本は著しく劣勢で、ドイツ将校団に訓練された精鋭部隊と、ドイツの近代装備とで中国軍は優位に戦闘を続けます。

日本軍は、この戦いでこれまでにない死傷者を出します。8月23日にやっと日本の陸軍部隊が到着しましたが、数の上では劣勢に変わりはなく、膠着状態となったのです。

そんな中、11月5日と13日になってから師団単位（日本の師団は1万5000名から2万4000名）の増援が到着して、戦況は一転します。数では負けていても練度が違うので、日本の大攻勢となり、中国軍はいっせいに退却となり、日本は南京まで一気に進撃することになるのです。

海外メディアはどう見たのか

◉フェアな目で見たメディアの人々！　中国のプロパガンダも通じず

ここまでに、盧溝橋事件、上海事件と見てきましたが、どちらも日本軍が引き起こしたものではないことが理解できたでしょうか。また中国が日本にしたような挑発行為も日本はしていません。これがイギリス・アメリカ・フランスなら、とっくに中国に反撃しているというのは、当時と今の歴史家や軍人、ジャーナリスト、政治家、外交官の衆目の一致するところです。

ここまでの状況を、海外のメディアはどのように報じていたのか紹介します。

「上海における軍事衝突を回避する試みにより、ここで開催された様々の会議に参加した多くの外国政府の代表や外国の正式なオブザーバーたちは皆、以下の点に同意するだろう。日本は敵の挑発の下で最大限の忍耐を示した。日本軍は居留民の生命財産を多少危険にさらしても、増援部隊を上陸後の数日の間、兵営の中から一歩も外に出さなかったのである。八月十三日以前に上海で開催された会議に参加したある外国使節はこう見ている。七月初めに北京近郊で始まった紛争

（盧溝橋事件のこと）の責任が誰にあるのか、ということに関しては意見が分かれるかもしれない。しかし、上海の戦闘状態に関する限り、証拠が示している事実は一つしかない。日本軍は上海では戦闘の繰り返しを望んでおらず、我慢と忍耐力を示し、事態の悪化を防ぐために出来る限りのことをした。だが、日本軍は中国軍によって文字通り衝突へと無理やり追い込まれてしまったのである。中国軍は外国人の居住している地域と外国の権益を、この衝突の中に巻き込もうとする意図があるように思えた」（『ニューヨーク・タイムズ』1937年8月31日付。ハレット・アベンド上海特派員）

この新聞社は当時も今も日本に批判的ですが、そうであってもこのような見方をするしかなかったのです。

現在、歴史を正しく見ようというまともな書では、盧溝橋事件、上海事変ともに、中国共産党の謀略による「中国軍から日本軍への攻撃だった」とされています。ちなみに、まともな書とは、『日中戦争の真実』（幻冬舎ルネッサンス新書）、『中国の戦争宣伝の内幕』（芙蓉書房出版）、『日本はいかにして中国との戦争に引きずり込まれたか』（草思社）、『シナ大陸の真相』（展転社）、『支那事変は日本の侵略戦争ではない』（展転社）、『コミンテルンの謀略と日本の敗戦』（ＰＨＰ新書）、『日中戦争の「不都合な真実」』（ＰＨＰ文庫）などです。

日本は中国を侵略しようという意図はありませんでした。

ただし、政府と軍部の対立、その軍部内での派閥争いや、現地の関東軍や軍人らの過剰な防衛によって、「完璧な聖戦」と呼ぶには苦しいものがあります。

相対的に判断すれば欧米の良心的な新聞などメディアが評するように「日本はよく耐えた、自国の立場についての宣伝が下手」という言葉が的確なものでした。

日中戦争のその後の真実

◉時と共にインフレ化する死者数こそフェイク！　中国の仕掛ける歴史戦争

中国共産党は、ことあるごとに「日中戦争での中国の犠牲者は３５００万人」と主張していますが、この数字は戦後の「約５００万人」からスタートして中国共産党指導者が代わるたびに増加してきました。

「約５００万人」のあとは「１６２０万人」で、その後江沢民国家主席の半ば思いつきに近い言葉で、一気に３５００万人となったのです。

中国共産党の主張には歴史を正しく捉えることは眼中にありません。一にも二に政治的配慮によって歴史が歪曲・捏造されます。そこで本節では日中戦争時の中国兵の徴兵と死亡者数について検証してみましょう。

中国の徴兵が他国と大きく異なるのは、徴募方法です。一般的な国では各地の担当部署に定員数を充足するよう指示があり、あくまで合法の範囲内にあるのが普通です。

しかし、中国は違います。先述した通り、中国には軍人を蔑視する風潮があり、国を守る防人（さきもり）として名誉が与えられる欧米とは正反対です。

そのため、「抓壮丁（ジョアジョアンティン）」というやり方で兵を集めます。これは、成人男子、青年農民を拉致（らち）して強制的に兵士にすることです。強制的ですから、当然兵士は隙（すき）あらば逃げようとするので、士官や下士官の重要な任務は兵士の逃走防止でした。逃走を企てた兵士は、その場で射殺されます。

この「抓壮丁」を目（ま）のあたりにしたアメリカのグラハム・ペックは自著『アメリカの見た旧中国』の中で、中国の徴兵方法は簡単で無情であるとし、徴兵工作の腐敗汚職は筆舌に尽くし難く、金持ちは金を払って免れるので、最終的に極貧の人間が徴兵される。人数が足りないと通行人を拉致するか、人買い組織から壮丁（兵士）を買い入れる、徴兵の過程である者は殺され、ある者は傷を負わされ、多くが部隊の駐屯地に辿り着くまでに餓死してしまう。そして路上や徴兵の過程で死んだり、野蛮な新兵訓練処や長い行進の途中で死んだりする人間の数は、入隊する人間の数より多いことを述べていました。

また、同じアメリカのセオドア・ホワイトも『日中戦争の「不都合な真実」』（北村稔著）の中で、徴兵のために壮丁（兵士）を拉致する残虐さと野蛮、冷酷と無情、腐敗と欺瞞（ぎまん）は中国の暗黒史の中でも悪質さは群を抜いていると指摘しています。

成都にある闇市場では壮丁（兵士）１人の値段は5万~10万元であって、それは「白米5袋か豚３匹」の値段でした。この頃、成都に設けられた壮丁営に勤務していた医者たちはナチスの強制収容所の悲惨さを知っていたのですが、「ナチスの強制収容所の様子はわれわれの所とまったく同じである」と語っているほどです。

また、中国赤十字の会長だった蔣夢麟は軍営（兵舎）の中に壮丁（兵士）が逃げないようにつながれていて、動けば殴られ、粗末な食事は餓死させない程度のものだった。このような残酷な待遇のもと、多くの壮丁（兵士）は前線に出る前に死んでしまうと語っていました。

極端な例では、広東から７００人が送られ、生きて到着したのは17人だけというケースもあったほどでした。

この徴募について、種々の統計から算出した数字があります。日中戦争中の8年間に徴募された壮丁（兵士）の総人数は約１４０５万人、戦時中の国民党軍の戦死者１３３万人、失踪者13万人、病死者42万人、逃亡者32万人、他に日本軍に投降した者が50万人、開戦時の国民党軍２５２万人、終戦時４２２万人、これらの数字から９６５万人が徴募の途中で死亡したとされているのです。

どれも中国の統計なので厳正とは言えないでしょうが、日本軍と戦って戦死した兵士の人数よりはるかに多いことは確かでした。

また犠牲者が多い理由に、蔣介石ら政府や党の指導者をはじめ、兵卒に至るまで自国民の生命を軽視する思潮がありました。

1937（昭和12）年8月の上海事変において、蔣は自国民が避難しているキャセイホテルやパシフィックホテルに爆弾を落としたり(注)、それ以前の日本軍進攻に対する退却の際も黄河の堤防を破壊して、100万人もの民衆を溺死（できし）させるなど、民衆の生命を顧みることはありませんでした。当然、それらは日本軍のやったことと宣伝しますが、外国特派員のいる地では嘘が発覚し、再三、訂正の記者会見をしています。

それに対して日本は真実は一つ、黙っていても日本の正義は揺るがない、とばかりに堤防決壊で被災した中国人民を救済したり、食糧や住居を与えたりしながらも、真相を公表することはなく、世界は中国の嘘報道やプロパガンダを信じたのです。

『大阪朝日新聞』は1937（昭和12）年11月5日付の紙面で「香港から世界に送り出される捏造記事は世界の世論を動かしていた」、「『デイリープレス』紙は自ら『中国の友』と名乗って活動し、南京政府から報酬を受けて活動していた」と報じています。

この点でも中国に駐在している各国の外交官やメディア関係者は、日本の施策の拙劣さを指摘していました。このことは戦後の日本外交についても同じことが言えます。

さらに中国人の犠牲を増やしたのは、中国兵の性質（たち）の悪い伝統にもなっていた自国民への殺人・略奪・強姦などでした。１９３８（昭和13）年8月25日付の『シカゴ・デイリーニュース』は、「砲弾、洪水、そして略奪は中国に荒廃をもたらす」「一部の防衛軍は戦いより強盗で忙しい」という見出しをつけていました。

戦闘において日本軍は「無辜（むこ）の中国人、第三国人に戦禍が及ばないように慎重であり、特に学校や教会、寺院などにはできるだけ攻撃を避けるようにしたため、中国軍がこれらの建物を部隊の遮蔽物（しゃへいぶつ）として、挙句は弾薬貯蔵、信号所、機銃陣地、砲兵陣地にまで悪用して日本軍を苦しめた、小銃弾も使用禁止のダムダム弾を遠慮なく使って日本軍の被害を大きくし、それを批判すれば使っているのは日本軍だと宣伝する」のでした（『大阪朝日新聞』１９３７年9月8日付）。

殺人・略奪・強姦については軍隊としては信じられない事情もありました。日本軍との武力衝突前から停戦協定内地域（これは不法行為）に入った中国軍は、地区内の中国人の退去を許さず、壮年者は兵士に、老人は軍夫に、女子は慰労隊の名のもとに強姦を公認していたのです。兵站（へいたん）設備[注]もなく、民衆の食糧を強奪していたと、１９３７（昭和12）年9月3日付の『満洲日日新聞』が報じています。

（注）**爆弾を落としたり**：蔣介石は自軍で爆弾を落としておきながら、日本軍がやったと宣伝したが、アメリカやイギリスの新聞記者らに嘘を見破られた。

（注）**兵站設備**：軍事装備の調達、補給、整備、修理および人員、装備の輸送、管理運用についての総合的な軍事業務を行う設備。また後方連絡線の確保にあたる活動機能も有する。

このとき、中国軍は12、13歳の少年を童子軍として働かせ、伝令・弾薬や食糧運び・雑用に使役していました。

日本軍が戦闘で射殺したあと、顔を見ると子どもだったというので、同情を禁じ得なかったという逸話は数多あります。

中国兵の婦女子への非道は枚挙に遑がなく、安達二十三大佐(注)率いる歩兵第12連隊が劉家宅を占領したところ、婦女子の死体が２５０体もありました。捕虜に尋問すると、中国軍は婦女子を大量に連行していたが、安達大佐の猛攻で連れて歩くのが面倒になり、凌辱が日本軍に発覚するのを恐れて機関銃で射殺したということでした。

一方で、日本兵はどうだったのか、少し紹介しましょう。

中国の地においての日本兵の中にも、隊としてではなく個人として軍紀を乱し中国人に暴行・殺人・強姦を働く兵士がいた点は否定できません。

しかし、特にひどかった中国軍は別格として、他の国の兵士に比べると軍規が厳しく、中国兵を恐れていた民衆から歓迎されていたというのが常だったのです。

戦った相手が童子軍だったことを悔いた川並密歩兵第6連隊長は、子どもの兵士のために詩を作り、同じように亡くなった中国軍兵士の墓を作る人も現れました。この中国兵の墓作りは日本軍の間にも広まり、「中華民国無名戦士之墓」と書かれた白木の墓標の前を通る際に、日本兵は敬礼をしていたといいます。

また遺棄されていた中国兵の中尉の遺体から婚約者にあてた手紙を見つけ、連隊長の命令で「勇敢な張良中尉の戦死に心からの敬意を表す。日本陸軍前線部隊」の添書をつけ、婚約者に送ったという逸話もあります。

さらには、行軍の途中、外国人宣教師の教会に避難してきた中国の民衆に軍医を派遣し、食糧も供給するなどし、このような戦闘ぶりにローマ法王庁の法王ピウス11世は同年10月14日、極東カトリック教会に対して、8カ条の非公式覚書を通達し、中国人に日本文明を理解するように説得すること、ボルシェビズム（共産主義）の脅威が明らかになったときには、無条件で日本を支持すること、日本軍に対して、日本と協力するうえで障害となるものはないと明言することとしていました。

同日、アメリカのニューヨークでは、カトリックの有力者数名が日本総領事館を訪れて「全米2500万人のカトリック教徒は、一致団結して中国の赤化に対抗して日本に味方する。日本製品の不買運動にも率先して反対運動をするだろう」と述べています。

（注）安達二十三大佐：大東亜戦争時、食糧のない南方で兵と共に畑作で自給自足。敗戦後は師団長（中将）としてオーストラリア軍に投降。部下たちの罪禍を一身に背負い、彼らの戦争裁判が終了し、無事を見届けた後、切れ味の悪くなった剃刀（かみそり）で自裁。勇武と温情の知将として名を残した人物。

日中戦争とは何だったのか

◉侵略というには国家目標も戦略もなさ過ぎた！　いつの間にか、すりかえられた史実

日中戦争とは、国際法や条約で合法的に得た中国や満洲の地での日本の権益や滞在していた日本人の生命・財産を守るための戦いでした。

客観的に見ても盧溝橋事件時の両国の兵員は日本の駐屯軍が５６００人、中国の第29軍が18万人、全体でも朝鮮と満洲及び本土からの派遣を含めて日本は25万人、対する中国は２１０万人の兵員数で、最初から戦う気であれば、事件前から大がかりな動員計画が必要だったはずです。しかし、そんな計画はなかったのです。

前述のように「拡大派」「主戦派」は、あくまで一撃和平派であって、全面戦争をすべし、ではありません。政府としても当然、「不拡大」であり、その大きな根拠は昭和天皇が不拡大を示唆していたからでもありました。当初の師団派兵についても多額の予算ゆえに最小限の派兵に留めるべし、というものでした。それが停戦協定後、再三の中国側からの挑発（廊坊と広安門での中国軍からの一方的銃撃）によって日本も反撃せざるを得なくなったのです。

事件後の7月11日に決定した派兵は、「反省を促す為の派兵」（『東京日日新聞』の号外」現在の『毎日新聞』）という見出しの通り、「威力の顕示」が目的でした。

ところが、蔣介石は7月17日、廬山にて『最後の関頭に立ち至らば徹底的犠牲、徹底的抗戦により、全民族の生命を賭して国家の存続を求むべきなり』という有名な「最後の関頭演説」をしています。しかし、本心では強力な日本軍との戦闘はやりたくなく、立場上、周囲の将軍らに虚勢を張るために演説をしたとされているのです。

同じく毛沢東率いる中国共産党は7月23日に、全国の軍隊総動員、全国の人民の総動員、抗日外交（反日外交）などの声明を発しています。この件は左派の歴史家の藤原彰氏の『昭和の歴史5　日中全面戦争』（小学館）でも明らかな史実でした。この点、『日中戦争の「不都合な真実」』（PHP文庫）でも述べられていますし、他の書でも同様の指摘があります。

また、当時の中国駐屯の日本軍には、銃器の取り扱いについて異常に厳しい（まるで現在の自衛隊に匹敵するほどの）規則がありました。

次の証言は事件時に現地に駐屯していた元支那駐屯歩兵第1連隊第3大隊第2小隊第2分隊長（分隊とは大体10人前後でした）の長澤連治氏（『正論』平成18年10月号）によるものです。

まず、宋哲元率いる第29軍(注)と日本軍は「非常に友好的な交わりをしていたので、『友好的な軍隊』つまり『友軍』と呼んでいた」とあります。そのため実弾を撃たれたときは、挑発行為とは

（注）第29軍：第29軍内には中国共産党員がいた。副参謀長の張克俠、参謀処の蕭明、情報処長の靖任秋、軍訓団大隊長の馮洪国ら幹部。

微塵(みじん)も感じなかったそうです。

長澤氏は、盧溝橋事件が日本軍の謀略と聞かされたときには憤慨したと言いますが、当事者なら当然でした。

この時代の日本軍はすべて官給品での生活で、兵器、被服、消耗品等の管理は大変に厳しかったそうです。特に弾薬にはうるさく、兵隊は駐屯地では実弾を持たせてもらえなかったと言います。所持が許されたのは勤務中の風紀兼警備衛兵だけであり、それも小銃弾15発を腰のベルトの革製の弾丸入れに入れ、歩哨(ほしょう)勤務時のみ5発を小銃の弾倉に装塡(そうてん)できるというものでした。

任務後は衛兵司令の前で確実に実弾を抜いたあと、やっと任務終了となりました。実弾の所持が認められたのは、戦闘以外では実弾訓練と野外演習のときだけでした。

射撃場では実弾数と発射後の薬莢(やっきょう)数が一致しなければ、1発でも部隊全員で捜したそうです。

これは現在の自衛隊と全く同じです。さらに支給された実弾は、すぐには使えないように15発ずつ紙製ケースに入れられ、縦横十文字に被服補修用糸でぐるぐると数回巻かれていたとあります。

兵士たちは、野外で緊急の場合は、即座に実弾を装塡できないので危ないと思いつつも、規則に従うしかなかったのです。また、日本軍は野外演習では実弾を使わず、形だけ引き金を引くか、発射音のみの空砲を使っていました。

野外演習後は使っていなくても実弾を集めて、厳重に数をチェックしてから弾薬庫に運ぶことになっていました。

盧溝橋事件の際の演習では携行食糧も持たず、各自水筒1本のみというので、とても日本軍から戦端を開く体制ではなかったとも述べています。

中国共産党の謀略について、日本は東京裁判の法廷にて論証しようとしました。「盧溝橋事件は蒋介石の国民党政府を対日戦に巻き込むため共産（党）分子が企てた計画的陰謀だった」という趣旨で臨んだのですが、裁判長のオーストラリア人のウェッブに「支那あるいは、その他の場所での共産主義その他の思想の存在、またはその蔓延にかんする証拠はすべて関連性なし」として書証などいっさいが却下されています。

次第に力をつけて台頭してきた日本と、列強に比べて進出が遅れ、満洲に目をつけたアメリカ、中国での最大の権益を持っていたイギリス両国との角逐がありました。

インドの独立運動の指導者の1人であるラス・ビハリ・ボースは次のように語っています。

「第一次世界大戦後、飛躍的発展を遂げた日本を英国は人権的、宗教的違いもあって、ひたすら恐怖するようになった。英国ほど狡猾な国はなく、巧みな宣伝でインドや中国で『日本は世界の敵である』『日本は世界征服の野心を持つ』と執拗に説きまわり、ついに今日の支那事変を見るに至った。英国は従来、イデオロギー上から対立関係にあるソ連と握手し、これに莫大なる金融的援助をし、日本に対抗するよう煽動している。今回の支那事変の意義を考えるならば、ソ連の共産主義の桎梏よりアジアを解放し、全アジアより英ソの勢力を駆逐する使命を有するものと信ずる。すなわち、この事変が中国に対する悪意ある戦争と理解するのは絶対に間違いである。本事変はアジアに自由を与え、復興と新たなる発展をなさしめる契機となるのである」

今回は紙数の事情で深入りしませんが、日中戦争に至る以前の日中の外交において、理想は立派でも現実を見ようとせず、なおかつ中国人の事大主義[注]という性質を見誤り、軟弱外交で侮られた幣原外交と、低レベルなポピュリズムに乗っかった近衛という愚かな首相がいたことが悔やまれます。

近衛は１９３８（昭和13）年1月16日に、歴史上、極めて悪名の高い「爾後、国民政府（蔣介石の政府で、中国の中心）を対手にせず」という声明を出し、日中和平の道を完全に閉ざしてしまいました。この件につき、戦後に近衛は指摘された際、「僕が弱かったからだ」と弁明していますが、この人物は典型的なポピュリスト政治家であり、堅固な卓見に欠けていたのです。

しかし、それと並んで深い事情がありました。それはソ連のコミンテルンの指令を受けて日本と中国の戦争を画策していたスパイのゾルゲ[注]と親しく、同じ目的でスパイ活動をしていた尾崎秀実が、近衛の側近として暗躍していたからです。

この件は少なくない書で指摘されていますが、尾崎は近衛のブレーン[注]である「朝飯会」の一員でもあり、同じく近衛側近の風見章（戦後、社会党員。戦前から左翼）が1937（昭和12）年6月、第一次の近衛内閣の書記官長（今の官房長官と同じ）となってからは、首相官邸の地下に一室をもらい、政府中枢に入ってスパイ活動をしていました。

その尾崎が、ことあるごとに、近衛に対して「対中国強硬論」を吹き込み、和平を遠ざけていたのです。尾崎は当時のオピニオン誌の『改造』をはじめ、諸々の雑誌に「対中国強硬論」こそが正しいと寄稿していた他、近衛には蔣を相手に交渉しても時間の無駄、今後は新しい南京政府の樹立を支援し、そこから和平工作すべきと語っていました。

これを近衛に吹き込むためにお膳立てしたのは風見章で、「爾後、国民政府を対手にせず」という文言を外務省が起案(注)するように誘導しました。一説には風見がこれを書いたとされていますが違います。

(注) 事大主義：自分の信念を持たず、支配的な勢力や風潮に迎合して自己保身を図ろうとする態度、考え方。

(注) ゾルゲ：ゾルゲと尾崎は1941（昭和16）年に逮捕され、1944（昭和19）年11月7日（ソ連の革命記念日）に処刑。1895（明治28）年生まれ、ドイツ共産党入党後、コミンテルンの「国際連絡部（ＯＭＳ）」所属から労農赤軍参謀本部第4局に。1933（昭和8）年9月に来日。

(注) 近衛のブレーン：近衛は五摂家筆頭という公卿最高の家柄で公爵。ブレーンには官僚のリーダー・後藤文夫、日本青年館の後藤隆之助、その後藤が作った昭和研究会の臘山政道、笠信太郎、尾崎秀実という左翼ジャーナリストらがいた。近衛の首相就任は45歳7カ月。

(注) 外務省が起案：外務省東亜局第一課が起案した。

「対中国強硬論」の目的は、日中間の戦争の継続です。これはソ連のコミンテルンというより、スターリンの至上命令でした。スターリン、実は「恐日病」にかかっていたのです。きっかけは1939（昭和14）年夏の「ノモンハン事件」でした。中国とモンゴル国境のハルハ川付近で日本陸軍とソ連陸軍が衝突し、人員と最新装備（航空機、戦車、大砲など）に優るソ連が勝ったと「されている」事件です。日本は負けたとばかり思っていたので、ソ連の要求通りの和平条件を呑み、以降、陸軍は「恐露病」となっていました。

ところが、1991（平成3）年12月にソ連崩壊で当時の秘密文書が公開されると、勝ったのは日本だとわかったのです。これとは別にソ連軍の指揮官のジューコフ将軍（のち参謀総長）は、日本陸軍の強さを報告していました。スターリンは西方のドイツとの緊張関係（独ソ不可侵条約を結んだものの、ヒトラーもスターリンも相手のことは信用していなかった）にあり、東から日本に攻められると挟み撃ちになるという懸念もありました。

それで、ゾルゲを通して尾崎に日本に対中戦争を続けるように指令を出していたのです。近衛がこの声明を出す前には、駐中国ドイツ大使のトラウトマンを仲介とした和平工作が、かなりいい所まで進んでいましたが、以降、泥沼化したのです。双方にとって残念なことであり、尾崎は日中両国で何百万という死傷者を出すことになりました。

戦争においては双方が被害者と加害者を兼ねているものです。日本軍が圧倒的に強かったために、多大な被害を与えたことになっていますが、この点は認めながらも、戦争の意義・目的は日本に理があるというのが結論になります。

歴史観の違いは埋まることのない溝になる

◉歴史の真実と歴史「教育」は別のもの⁉　民族の誇りを持たせるのが歴史教育

中国の歴史教育では、自国民による暴行・虐殺・略奪・強姦、日本人への不法はいっさい教えません。ひたすら自分たち中国人は被害者であり、抵抗・排日運動を展開した、その指揮を執ったのは共産党で、共産党こそが精強な日本軍を排除した、勝利したという教育です。もちろん、正式な条約や国際法に則り、日本が行動した面には触れません。

この点について、政治的な意図をはらんでいることはすでに記述しましたが、それだけではありません。

歴史教育に限らず、日本人と中国人は、事実あるいは史実についての思考が異なるという点も挙げられます。

イデオロギーに凝り固まる人は別として、一般的に世界の中でも日本人は正直・誠実、中国人は嘘と不誠実の民族と評価されているのですが、これにはモラルの他にも中国独特の思考習慣が反映されているのです。

それは避諱（ひき）と（注）いう考え方であり、中国では徳の一つにもなっており、避諱には「隠す」という含意で使われてきました。

古来、中国人は人間を平等とは考えずに、不平等なものとしています。その不平等は能力や才能ではなく、道徳水準においてです。それにより、「君子」と「小人」に分けて考え、君子のなかで徳が高い人を賢人、徳が最高に達した人を偉人と称しています。

儒教では偉人や賢人に国を委（ゆだ）ねれば長く安定した世になるとされ、そのために偉人や賢人に仮に誤まりがあったとしても隠すことが奨励されてきたのです。偉人や賢人が誤まり、彼らの威信が低くなることは、国や社会が動揺するという理屈からでした。

逆に威信が高まれば国も社会も安定するので、そのためには誇張も嘘も許されるのだという思考になるのです。ここで避諱と誇張、嘘は同じ意味を持つようになります。

中国の思想では偉大な人の過ちや醜い言動は可能な限り隠さねばなりませんし、それを暴き出すことは不道徳な行為でもあるのです。

その偉大な人が近代では国や党になり、それらのために過ちや醜い行為を隠して、さらに嘘でも美化したり、賞讃することが道徳的とされるようになりました。

このような避諱文化があるので、中国では歴史だけではなく、事件や事故などの真相を究明することは不可能に近いものとなっています。

ただし、現代の中国人は単に自分の利益のために虚言を弄することが当然となっていて、多くの国で顰蹙を買っているのは有名です。

国や党のためなら何をしても、どんな嘘をついても赦されるのだという「愛国無罪」の国である以上、日本との間に正しい歴史認識が築かれることは未来永劫ありません。

中国や韓国などの儒教圏では、その人の罪は永遠に赦されることはないというのが常識です。日本人のように許す、水に流す、死ねば許されるという文化はありません。死してもなお、永久に罪人であり続けます。これが「千古罪人」という考え方です。

この考え方があるために、日本の戦争責任も戦犯も永遠に赦されることはありませんし、現代では政治的にも日本の責任を利用しようとなっているのです。

戦争に敗れた以上（中国には負けていませんが）、敗戦国は古来「侵略国の悪者」と相場が決まっているのです。

著名なジャーナリストの伊藤正徳氏は中国との戦争において、日本が大きな作戦を実施したのは53回で、勝敗は52勝1敗と語っていますし、他には戦闘回数が1万回近くで、日本の負けは2回のみという話もあります。それくらい日本軍は強く、中国軍は逆に弱かったのです。ただし、

（注）避諱：目上の者の「諱」（人名の一要素）を用いることを忌避することで中国など東アジアの漢字文化圏にみられる慣習。

その異常な強さが[注]、二度と日本に軍備を持たせないという憲法第9条につながってしまいました。

これを国際的に大々的に転換するには再度の戦争をして勝つしかありません。それができない以上、膨大な予算とマンパワーを注ぎ込んで、世界に日本の事情を説き続け、中国の意図的な日本非難のプロパガンダに対抗するしかないのです。

そのプロパガンダにしても中国は、２００９（平成21）年から４５０億人民元（1元16・５円として約７４２５億円）を投じて、「大外宣計画（大対外宣伝計画）」を推進しています。

その目的は５点あり、①中国の主張を対外的に宣伝すること、②良好な国家イメージを打ち立てること、③海外の中国に対する歪曲報道に反駁（はんばく）すること、④中国周辺の国際環境を改善すること、⑤外国の政策決定・施行に影響を与えること、となっています（何清漣（かせいれん）『中国の大プロパガンダ』扶桑社、４頁）。

中国共産党のイデオロギー、影響力が世界を侵食していく戦略を『中国の大プロパガンダ』では「紅色浸透（原語は紅色滲透）」と称していましたが、一党独裁ゆえに超長期スパンで外交などの戦略が継続できるのが中国共産党の強みです。近年、外交・広報・文化交流を介して、外国の国民や世論に働きかけることを「パブリック・ディプロマシー」と呼び、普遍化しつつありますが、中国共産党の手法はさらに上を行くものでした。

翻ってわが日本は第二次安倍政権になるまで、外務省の広報予算は年間２００億円以下であり、日本の非に対して是正しようとしない外務省は不作為の省とも呼ばれてきたのです。安倍政権は予算を一気に700億円に増額し、各国で日本の広報を展開するように指示しましたが、国益は一顧だにせず、省益第一と左翼思想の少なくない外務省官僚・外交官たちによって、日本の広報や歪曲された歴史観の修正は進んでいません。日本一国だけが優れている、何であろうと正しかったという歪な広報は全く望んでいないものの、史実と異なる非難に対しては、根拠を示して毅然かつ友好的に正してほしいものです。

また、一つの事実に対して、双方の立場が異なれば、別の視座もあるのは致し方のないことであり、白か黒かの明確な二者択一ばかりとはなりません。日本は対外的にもっと自国のことについて発信していかなければ、私たちの同胞や未来に生きる子々孫々の人々に負わなくてもよい負担や負い目を背負わせてしまうことを、もっと真摯に考究しなければなりません。

中国政府は民衆からの社会に対する不満のカタルシスの道具として「反日」を利用している以上、党として親日に転換する可能性は、ほぼないと言えます。親日を口にする党幹部は失脚するという国である以上、親善には限界があるのです。

(注) 日本軍の異常な強さ：公式に残る戦史では日中間の戦闘は小戦闘3万8931回、重要戦闘1117回、大会戦22の計4万70回。八路軍（中国共産党軍）が参戦したのは、わずか2回。1937（昭和12）年9月の平型関（1個師団）と翌年の山西南部遊撃戦（2個師団）のみです。

そうは言っても中国の唱える「新安全保障」の概念に従って経済面で付き合っていくことが〝いくらかの〟日本の安保になるとも言われていますが、互いの力が大きく開けば、現在の中国の「戦狼外交(注)」や習近平国家主席の意図から鑑みて、安全保障になることはないでしょう。

現在、中国はアメリカと反目していることもあり、日本との接近を試みていますが、その一環として、来年の国交回復50周年に合わせ、天皇・皇后の中国訪問を画策しています。動いているのは、外務省の元・次官で皇后の父の小和田恆氏、侍従長の別所浩郎氏のラインです。

以上、述べてきましたが、中国人と話をする際も、主張すべきは主張し、目先の安楽のために譲歩するのではなく、毅然と語っていくしかありません。

(注) **戦狼外交**:英語では「Wolf Warrior Ethos」。中国国営メディアの命名で、人民解放軍特殊部隊の元隊員が、アメリカの傭兵部隊と戦う映画シリーズに由来。相手国を脅し、圧力を加え、中国の意向を実現する外交手法。類似の概念として「シャープパワー」がある。軍事などのハードパワー、イデオロギーや文化・風俗などのソフトパワーに対し、威圧的態度・行動、虚偽情報捏造などを駆使して、自国の意思に従わせようとするのがシャープパワー。近年では中国とロシアのシャープパワーが喧伝されている。

第三章

戦後中国との交流

戦後の中国と日本の経済界・企業の関係は？
中国のサイバー攻撃に対して日本の「守り」は？

中国共産党と国民党

戦後の日本は台湾と国交があったものの、中国とは断交状態でした。

ここで確認しておきますが、終戦後、中国国内では蔣介石率いる国民党政府と、毛沢東率いる中国共産党政府の間で内戦が続きました。当初の兵力・装備では国民党政府が優勢でしたが、豊かに栄えるようになっていた満洲の地をいち早く手にした中国共産党政府が盛り返していきます。背景には強過ぎた日本軍の装備を多く手に入れた方が有利、かつ、日本軍の将校を顧問として招くということもありました。

左派の歴史書では、戦後、蔣介石が日本軍に対して「恨みには徳をもって報じる」と語り、人徳がある、なんと寛大な措置だろうと称讃することが一般的ですが、これは「全く」違います。これと同じように毛沢東が捕虜とした日本兵を収容した施設では、欧米の苛酷な待遇と異なり優遇したとも叙述されていますが、これも同じ理由で違うのです。

蔣、毛ともに日本軍に寛大だったのには、日本軍を刺激しないためと、日本軍将校と兵士を自分の手駒として利用するという意図がありました。自陣の味方にしたいがために、寛大な対応をしたのです。ここを誤解してはなりません。

蔣介石が人格者などとは、とんでもない解釈でしかありません。彼は共に苦労してきた妻を浙江財閥の娘である宋美齢と結婚するために、真相を隠し騙して別れたというより、捨てています。また、日本軍との戦争中は逃げるため、途中の黄河の堤を爆破し、１００万人にもなる農民らを溺死させたのです。その農民らの救出にあたったのが日本軍で、戦中であっても中国人民に感謝されていた事実が数多くあります。

むろん、一部の兵士の心ない行為により、中国人民を殺傷し、憎悪の対象になった日本軍もありますが、決して「反日」ばかりが中国人民ではなかったのです。

蔣介石は１９３６（昭和11）年12月に満洲一帯を縄張りにしていた張学良に突如として監禁された「西安事件」について恨み、戦後、一緒に台湾に逃げた張をなんと50年も軟禁状態にし、90年代になってやっと解放した人物です。

毛沢東も内戦で勝利した後は、旧日本兵やスパイと疑いをかけた日本人を収容所内で拷問や虐待しています。毛沢東は訪中した日本の政治家には温かく接しているので中国でいう「大人」と評価されていますが、毛沢東に仕えた側近の数々の回顧録では異常な人、偏執者として描かれている人物です。歴史上、スターリン以上に人民を殺した人物としての一面も持っています。

ただし、政治指導者としての能力は秀でたものがありました。毛沢東とナンバー2の周恩来首相に限れば、明治の政治家以外、匹敵するスケールの政治家はいないというのが日本の状況です。マキャベリスト的に見ると、毛沢東と周恩来の権謀術策、人蕩しなどの為政者としての力量は卓越したものがあります。

アメリカの外交政策のドン、キッシンジャーは、この2人の弟子のような存在ゆえに、「反日」、大の「日本人嫌い（注）」でした。

話は戻りますが、中国の内戦の勝敗が決し（注）、1949（昭和24）年10月1日、中華人民共和国が建国され、同年12月に蒋介石が台湾に逃亡、中華民国を建国したのです。

戦後、保守陣営は中華民国（台湾）派、革新（左翼）陣営は中華人民共和国（中国）派となっていましたが、社会党や日本共産党の政治家は細々と中国と交流していたのです。この背景には中国共産党による1950年代からの「対日工作」がありました。

対日工作全般では、戦前から行われてきたのですが、戦後の節目としては、日本と台湾による「日華平和条約」締結の1952年以後とするのが妥当ですが、日本への工作という点では1949年には日中友好工作を促す組織が日本国内に結成されていました。それが「中日貿易促進会」と「中日貿易促進議員連盟」でした。

どちらも日本国内なのに「日中」ではなく「中日」となっている点に、中国の工作がうまく進んでいることを表しています。後者は現在の「日中友好7団体（注）」の前身です。

（注）日本人嫌い：1972（昭和47）年に田中角栄が日中国交回復を果たすと、「あのジャップめ！」と激怒したと外交文書にある。のちのロッキード事件もキッシンジャーが画策。

（注）中国の内戦の勝敗：「蔣介石と毛沢東に和解はなかったのか」。多くの書では日本との終戦後、すぐに内戦に突入したかのように記述されているが事実は違う。

1945（昭和20）年8月から翌年1月にかけて各党派の代表が中国統一の原則について合意している。蔣介石と毛沢東は1945（昭和20）年8月から10月の間に「政府と中国共産党代表会談紀要」に調印。「互いに断固として内戦を避け、独立、自由、富強の新中国を打ち立てる」「蔣主席が提唱する政治の民主化、軍隊の国家統制、党派の平等及び合法性が、平和的な建国を目指して歩まなくてはならない道であることを認めた」（『重慶談判紀実』）と声明を発表している。

重慶とは日本軍に追われ、首都南京から蔣介石が逃亡した都市。翌年1月31日から21日間にわたって開かれた政府協商会議において『平和建国綱領』が採択され、争点だった「政治の民主化」「軍隊再編」「公民の自由の保障」といった三大問題も原則合意。

政治面では「地方自治推進」「普通選挙（誰にでも参政権を与えること）」「司法権の統一と独立」「軍隊の国家統制（今の中国の軍は正式には「人民解放軍」であり、国軍ではなく中国共産党の軍隊）」「人民の自由につき、自由を保障する精神から行い、制限してはならない」「人民の身体、思想、宗教、信仰、言論、出版、集会、結社、居住、移転、通信の自由を確実に保障し、現行の法令に前述の原則に抵触するものがあれば改正または廃止する」（『政治協商委員会紀要』）が定められた。

現在の中国ではすべてが制限されていることに注目。しかし、1920年代から続いた両党の殺し合いで生じた憎悪に加え、1000年単位で続いてきた役人の汚職や不正が利権を絶えさせることはなく、党・官僚・軍それぞれの収奪合戦から両党対立、内戦へと発展。以後、1970年代末に蔣介石が中国との統一を構想したが（このとき、一国二制度を提唱）、機が熟さず現在に至る。

（注）日中友好7団体：日本中国友好協会（7団体の中心。1950年10月設立）。日本中国文化交流会。日中友好議員連盟。日中経済協会。日中協会。日中友好会館。日本国際貿易促進協会。

公式に確認できる人的交流の嚆矢はサンフランシスコ講和条約発効後の1952（昭和27）年4月、元参議院議員で、のちに社会党衆議院議員となった帆足計、参議院議員（緑風会）の高良とみ、改進党衆議院議員の宮腰喜助です。権限もないのに「日中民間貿易協定」を北京政府と締結しています。

その後、1962（昭和37）年に親中派経済人の高碕達之助と廖承志[注]との頭文字を冠した「LT貿易」が始まりました。

中国の狙いは貿易による経済上の利益以上に、日本の経済人を懐柔して政治を動かすことにあったのです。

そうして政治家の中から親中派を育て、社会やマスコミを操ることができるようにするというのも目的でした。こうした工作の対象となった経済人、政治家では高碕の他、松村謙三、古井喜実が有名です。

北京を訪れたマスコミ関係者には「中国を敵視しない」「二つの中国を作る陰謀に加担しない」「日中国交正常化を妨げない」という悪名高い政治三原則を約束させています。

対日工作は国交回復後の1972（昭和47）年から90年代にかけて大いに成果を発揮しました。これについては、中国共産党対日工作の大御所の1人でもある孫平化[注]の『中日友好随想録』（邦訳『日本との30年』）で語られています。

その大きな成果の一つは、田中角栄首相とともに国交回復を果たした大平正芳外相との交流でした。大平氏は、池田勇人首相の内閣で外相を務めたときから「LT貿易」を保護し、育成しました。

1979（昭和54）年に首相として訪中し、日本国民の血税を中国に「上納」する対中ODA（政府開発援助）政策を決定しています。このODAは当時の中国にとっては干天の慈雨でした。重要な社会インフラ、空港、鉄道、病院を含め、中国社会に大きく貢献したものの、他国と異なり、日本の援助を示した表示はないか、あっても人々が見ない場所に小さく記すという状態です。

このODAのせいで中国が軍拡できたのかとなると、日本人として胸中は穏やかではありません。1980年代には日中間の友好都市提携が約150件にもなっています。対中ODAは純粋な額だけで3兆円（1980年代の中国にとっては数百兆円のインパクトと貨幣価値!!）、技術や借款を含めると6兆円でした。このせいで、中国はODA増額の意図を持って、日本との歴史問題を非難するようにもなっていたのです。

（注）廖承志：1908年生まれ、1983年没。知日派工作員の元締。亡命革命家の息子。小学生時代から日本で学ぶ。のち中国に帰り中国共産党入党。戦前から対日工作を担当。マスコミ、政財官、文化人、芸能人など多分野で工作をし、世論を誘導、日中国交正常化を促進。

（注）孫平化：1917年生まれ、1997年没。日中友好活動の中国側代表者。中国日本友好協会の第3代会長。中国共産党員として、満洲で秘密工作員として暗躍。

日本の政界は田中角栄首相以後、自民党は田中派から竹下派となっても「親中」が連綿と続き、中国からすれば与しやすい国となりました。この傾向は２００１（平成13）年の小泉政権にやや変わりますが、大きく転換したのは安倍政権以後のことでした。よくよく考えてみれば、日中国交「正常化」という言葉にも中国の深謀遠慮が込められていると、中西輝政京都大学名誉教授は自著『中国外交の大失敗』で述べています。その意味は、台湾との国交は正常ではなく、中国との国交こそ正常というものです。日本側は中国の言い分を丸呑みしたので、このような表現になったということでした。

このあたり、日本と中国の相手に対する言葉の用い方や態度の文化的・倫理的差の影響も否定できません。日本人同士であれば互いに相手のことを慮って譲り合うことは善であり、対等の関係と認識されますが、中国では（韓国も）違います。譲歩するということは、何らかの落ち度や企みがあると解釈され、中国は強い態度、上位の立場を取るのです。結果として、日本は常に劣位として振り回されることになっていました。それが明確に転換したのは第二次安倍政権でのことでした。

さて、中国との貿易では、経団連をはじめとする財界や産業団体が積極的に関与したのです。財界の総本山の経団連の稲山嘉寛会長が中国の鞍山製鉄所（もともと、日本の製鉄所だったのが戦後に没収された）の大規模支援をし、重工業の発展に大きく寄与しています。同時に社会党も中国との貿易で利益を得るようになりました。

参考までに記すと、廖承志は日本の早稲田大学中退の中国共産党員であり、戦時中、戦後と日本担当、その後「中日友好協会」の初代会長を務めています。が、裏の顔は日本に対するイデオロギー流布、スパイ活動の責任者という役割がありました。

日本の財界・産業界にとって、この頃の中国は単に製品・商品を売る「市場」という目的が主でしたが、中国戦線に参加していた元日本軍将校も多かったので、懐かしさも加わり、技術支援となっていったとも言われています。時代を下り、正式な国交回復後は広大な市場という要素に、日本よりはるかに安い賃金の魅力も加わり、生産の場、供給の場としても重要視されるようになったのです。

1970年代以降、オイルショック(注)で高度経済成長(注)に翳(かげ)りが見え、1973（昭和48）年には戦後初めてのマイナス成長となり、国内市場は飽和状態に近くなったとき、巨大人口を抱える中国市場は大きな魅力でした。日本の市場のような高性能・高付加価値ではなく、コストの安い廉価版でも売れる市場は、高度成長の終息を迎えつつあった日本企業には夢の市場に映ったのです。

(注) オイルショック：第4次中東戦争を発端とし、アラブ石油輸出国機構（OAPEC）が石油を大幅に値上げし、石油由来製品も不足。社会はパニックになった。1973（昭和48）年度の消費者物価指数は約23%も上昇。

(注) 高度経済成長：1960年代から1972年までの経済成長率は平均で10%以上。賃金もそれ以上に上昇し、1970年代後半に1億総中流となった。

当時の中国は鄧小平の唱える「韜光養晦」(注)の通り、穏便友和外交で日本をはじめとした先進国から投資と技術支援を呼び込みました。そのため、鄧小平は深圳などに経済特区を作り、外国資本が活動しやすいようにしたのです。

１９８９(平成元)年の天安門事件で中国が欧米諸国から制裁を受けた折り、日本の外務省のブリーフィングにより、経団連も動いたのです。天安門事件での日本は欧米諸国ほどの制裁措置は取らなかったものの、第三次円借款を凍結していました。その凍結を解除すべく李鵬首相が取り込んだのが、経団連会長の斎藤英四郎新日鐵名誉会長を最高顧問とする「日中経済協会」でした。１９８９(平成元)年11月に同協会の訪中団が中国擁護の発言とともに新日鐵の技術専門家派遣の提案も含め、翌年の解除に尽力したのです。

２０００年代以降、日中関係が悪化する度に中国国内で民衆デモが起こり、日本企業・日本のテナント・飲食店が破壊されますが、それでも撤退する企業はわずかです。

近年の日本財界の親中国ぶり

２００８(平成30)年9月には経団連の中西宏明会長と日商の三村明夫会頭が２４０人で訪中、翌年9月にも同メンバーで訪中し、李克強首相(注)(向学心あふれる秀才)と会見し、習近平国家主席の国賓での来日をわが国経済界を挙げて大歓迎しますと伝えています。このときに中西会長が李首相と握手した写真を見ましたが、胸を張る李首相に対し、頭を下げて媚(こ)びへつらうさまが如実に表れていて失望したものです。

２０２０（令和２）年のコロナ禍では、欧米諸国と日本の産業界が、中国に対してサプライチェーン依存度の高いことが社会問題ばかりではなく、安全保障上のリスクともなると懸念されました。マスクという、普段は重要視していなかった物でさえ、中国が輸出を制限すると、日本国内では不足するという現実は驚きでした。

事態を重視した安倍元・首相は、同年3月5日に「未来投資会議」を開き、「一国へのサプライチェーン依存度が高く、同時に付加価値の高いものについては、国内への生産拠点回帰を図り、そうでないものについても一国に依存せず、ＡＳＥＡＮ（東南アジア諸国連合）諸国などへの生産拠点の多元化を図る」と語っています。そうして、当年度補正予算に国内回帰を促す補助金として２２１６億円が計上されました。

（注）韜光養晦：自重して力を蓄えよという意味。巷間(こうかん)では鄧小平の言葉として有名だが、実は毛沢東が唱えたのが起源。鄧小平は、「ネズミをとるネコは白いネコでも黒いネコでも良いネコ」の他に、豊かになれる人は、先になっていけという意味の「先富論(せんぷろん)」でも知られる。中国中興の祖。毛沢東は経済センスがなく失政ばかりだったが、鄧小平は今日の繁栄をもたらした。香港返還交渉ではイギリスの「鉄の女」サッチャー首相を恫喝(どうかつ)したことも語り草。

（注）李克強：習近平国家主席より序列が上のナンバーワンの評判が高かったが、優秀さを鼻にかけて長老たちに愛想が悪いとのことで、予備選で習近平国家主席に逆転されてナンバーツーになった人物。しかし、人としての風格は習近平国家主席の方が上という見方が定着している。

しかし、ジェトロのアンケートによれば（華東地域日商倶楽部懇談会が会員企業１１０社へ質問）、９割が拠点変更予定がないと回答したことを、作家でジャーナリストの門田隆将氏が『月刊Ｈａｎａｄａ』（２０２０年８月号）で紹介しています。

さらに６月８日には、経団連の中西会長が定例会見の場において、経団連は中国との関係を維持する旨の発言をしました。実際、トヨタは中国市場でレクサスが前年比44・４％増と絶好調で、２０２１（令和３）年夏に、天津と広東省広州でＥＶ（電気自動車）やプラグインハイブリッド（ＰＨＶ）の工場建設を始めます。ホンダ、日産も同様に中国での生産ラインを増設、他の業種(注)においても明治ホールディングス、ヤクルト、キヤノン、日立グループなど中国での活動を拡大していく予定です。

日中の貿易総額は２０１９（令和元）年度で３０３９億ドル（約32兆円）、日本にとって中国は最大、中国にとって日本はアメリカに次ぐ二番目の貿易相手国です。中国にいる日系企業の日本人は約12万４０００人とされています。中国には約１万３０００社の日本企業が進出している他に、中国関連ビジネスに従事する企業は約３万社強です（帝国データバンク調べ）。これだけの企業が中国でビジネスを展開していますが、その利益は国外に持ち出せないのです。中国国内で再投資しなければなりません。さらに中国でビジネスをするには、社内に中国共産党の委員会を作ることを強いられます。外資系企業のほとんどに設けられているのです。この委員会が人事を決めることが少なくありません。他にも技術供与の義務もあります。

近年、日本政府や関係者が注目視しているのはトヨタの蓄電池技術に対する中国のアプローチです。目的はドローンや静かな潜航を実現できる潜水艦への応用です。これが実現すると、トヨタには大きなリスクが降りかかります。というのはアメリカ議会の「米中経済安全保障調査委員会（ＵＳＣＣ）」では、意図の有無にかかわらず、中国の軍事技術を支援することになった企業を、北米市場から締め出せるようになっているからです。まさか北米市場と中国市場を天秤（てんびん）にかけたわけではないでしょうが、アメリカ政府がその気になれば米国内だけではなく、他国においてもトヨタの資産凍結・ドル取引禁止措置も銀行を通して可能です。

他にも中国でのビジネスは、政治、人件費高騰、法律の恣意性（しいせい）、知的財産権制度の不備と常習的窃盗、代金回収の難しさ、中国人従業員の会社への忠誠心など、多くのリスクがあります。撤退するにしても、中国共産党をバックとした合弁企業や地方自治体が法律を都合のいいように運用して法外な補償金を取るケースも少なくありません。

さらに恐ろしいのは、全く身に覚えがなくても２０１４（平成26）年11月１日に施行された

（注）他の業種：明治ホールディングスは牛乳、ヨーグルト、菓子の生産拠点を新設。ヤクルトは化粧品販売スタート。キヤノンはコンピュータ断層撮影装置、日立グループは顔認証による非接触型エレベーターシステムを展開する。

「反スパイ法(注)」を使って、日本人を拘束するケースが続いています。最高刑は死刑であり、その適用について日本政府が問い合わせても満足な回答がないのが普通です。この他にも2015(平成27)年7月施行の「国家安全法(注)」があり、国内の安定維持を盾に中国共産党批判は違法とされてしまいます。

また、中国人の契約・約束の観念につき、中国人から日本人に帰化した石平(せきへい)氏が、『月刊Hanada』2021年3月号において明快に述べています。すなわち、中国人は自分と自分の企業にとって相手との契約を守った方が自らの利得になると判断すれば守り、契約を破った方が利得になるとなれば、いとも簡単に破る、ということでした。中国人一般には「契約は守るべき」という観念がないとも述べていました。中国人の行動原理は「実利中心主義」と論じています。

これまで述べてきたように、中国でのビジネスは、巨大な市場がある反面、国内の政情や日中間の関係により、突如として豹変(ひょうへん)してしまう恐ろしさがあるのです。

中国のスパイ活動について

1978(昭和53)年に鄧小平が国力を強化するため、改革開放路線に舵(かじ)を切ってから、中国は西側諸国の「経済発展さえすれば、いずれ民主化に進む」という信仰にも近い善意と期待を巧みに利用し、世界第二位の経済大国のみならず、軍事強国にも成長しました。その裏には西側先進国の資本・技術の支援と提供以外に、中国「独特」の特許権の侵害、技術窃盗、産業や学問分野を問わないスパイ活動、情報窃盗の歴史があったのですが、本稿では、どんな手法で、どのようなことをしたのか、紙数に制限があるため、主なものを挙げてみます。

まず、他国へのスパイ・諜報（ちょうほう）活動を統制している中国の組織や構造を紹介しましょう。中国のスパイ組織としては「国家安全部」と「中央人事委員会連合参謀部（公式には旧中国人民解放軍総参謀部第二部）」の「情報局」です。

国家安全部はCIAとFBIの機能を合わせたほか、中国共産党の政治面でのセキュリティにも関与しています。国内外の諜報活動と安保（安全保障）工作を担当し、海外を含む中国系組織や個人に諜報活動をせよと命令できます。

国家安全部には17の部局があり、「外交、ジャーナリスト、その他の政府関連の隠蔽（いんぺい）工作員」の担当をしている第2局、「公開情報の研究や海外のネットワーク構築」を担当する第11局、「海外の中国の学生組織など」を管理する第10局など、多岐にわたる工作を分担しているのです。国家安全部は経済スパイ活動に従事するさまざまな部門を持ち、上海と香港を中心に、主要な金

（注）反スパイ法：敵のスパイ活動を取り締まるだけではなく、欧米が持つ、体制批判の思想や、運動も対象としている。これにより民主派や人権活動家はスパイとして取り締まれる。

（注）国家安全法：国家安全法では防止のために、アクションを起こしていなくても、将来的に可能性ありというだけで、取り締まれる。まさに法治ではなく人治の国。

融・商業組織に深く浸透し、中国の利益の最大化を図ってきました。

人民解放軍内の前出の情報局は軍事情報ですが、民間分野においても幅広く活動しています。連合参謀部には独自のシンクタンクがあります。研究に重点を置く「中国国際問題研究所」と、学術・政策交流を行う「中国国際戦略研究基金会」の二つですが、前者は国防科技大学の一部として駐在武官や秘密工作員を養成してきました。

ジェームズ・スコットとドリュー・スパニエルの共著『中国のスパイ王朝』によれば、総参謀部二部が世界中に3万人～5万人の潜伏工作員を潜入させ、機密・公開情報などを収集して中国に送らせていると推定しています。

この他に中央軍事委員会の政治工作部内の対外連絡局は、統一戦線工作（注）、政治戦、秘密のヒューミント（人間を媒介として諜報）を専門としています。

中国では早くから国家発展と軍事革新と拡大のため、科学技術の重要性が認識されてきました。鄧小平以後、江沢民、胡錦濤、習近平と工学系出身者がトップになることもそれを証明していると言えるでしょう。

そもそも、中国という国は、日清戦争で日本に敗れて以降、従来の中国の伝統・風俗墨守から、日本と西洋に学べという姿勢に転換しました。それを表しているのが「中体西用」（注）の語です。

その基本として海外への留学があり、最初はアメリカへの留学、１８８１（明治14）年にアメリカで「中国人排斥法」が成立すると留学は止みます。その後、1894（明治27）年に日清戦争が勃発、翌年、日本の勝利で終わると、1896（明治29）年より日本に往時としては大量の留学生が来ました。その後の10年間で約1万2000人と推定されるほどでした。この帰国組が中国の政財官学界の主要メンバーとなります。

中国建国後の1949（昭和24）年以降は、ソ連が留学先となり、江沢民や首相を歴任した李鵬が渡っていました。日本で学んだとなれば、孫文と周恩来、蔣介石が挙げられます。

ソ連との交流が不調になったほか、毛沢東の「大躍進政策」（注）（1958年）の大失敗による失脚

（注）統一戦線工作：党外の人々が党の利益に合うように行動するグループの連合。共感や強要、敵を弱体化させることが目的。もとはレーニンの理論で構築され1920年代に実践された。主敵を弱体化させるため、広範な利害の連合を形成すること。毛沢東は統一戦線工作を中国共産党の「魔法の武器」の一つとしている。この戦略を「マルクス・レーニン主義」の基礎に基づいた科学であり、実践に応じて調整されるものと定義。党では統一戦工作専門の大学院課程もある。習近平国家主席就任後、強化された。

（注）中体西用：張之洞著『勧学篇』（1898年刊）にある言葉。「中国の本質を保つために中国の学問を守りつつ、実用面では西洋の学問を取り入れて利用すること」。日本でいうところの「和魂洋才」。しかし、この点では日本人は巧みであった。張之洞は洋務派官僚・政治家。軍需工場建設の他、新軍の編制に努めた人物。

（注）大躍進政策：大躍進政策は農業と工業の大発展を目論見、鉄鋼生産でイギリスを3年以内に抜くという途轍もない目標を立て、粗雑な鉄ばかり作った他、その生産のために農業も手を抜くことになり、大凶作で資料によって異なるが約2000万人が餓死し、劉少奇に責任を厳しく追及された毛沢東が辞任。劉少奇が党トップになった。

と劉少奇の台頭、それを引っ繰り返そうと起こした「文化大革命(注)」（1966〜1976年）による毛沢東の復活と中国の荒廃を経て、中国は再び科学技術振興及び海外からの技術の吸収の時代となり、その過程で不法な数多のスパイ活動が実践され、現在に及んでいるわけです。

1978（昭和53）年に文化大革命で崩壊した階級・肩書・名誉を回復させ、同年の全国人民代表大会で15年前に提案されていた「四つの近代化(注)」政策が採択された他、科学技術重視の「国家高技術研究発展計画」を決定したのです。この計画は俗称「八六三計画」と呼ばれ、生物学、宇宙飛行、IT、レーザー、自動制御、エネルギー、新素材、海洋学など、中国を世界レベルにするための鍵となる分野を重視し、1986（昭和61）年に鄧小平が承認してスタートしました。

中国には1959（昭和34）年に創設された「国家科学技術委員会（のちの「科学技術部」。部は日本の省にあたる）」が設立されていたので、この下に国家の主要な組織として、「中国科学技術情報研究所」「中国科学院文献情報中心（文献情報センター）」、別名、国家科学図書館」「国防科学技術工業委員会の科技情報研究所（現在、「中国国防科技進信思中心」）」、パテント文献、マニュアル、パテント認定書などを所蔵する「中国専利局文献館（現在、「国家知識産権局」の「専利文献館」と「中国専利信思中心」）」、世界の工業規格を扱う国立センターの「国家技術監督局標準情報中心（現在の「中国標準化研究院国家標準館」）」が指定されました。それ以外に世界中のオープンソース（公開されている情報）の科学技術情報を収集する「中国科学技術情報学会」も見逃せません。

さらに、外国企業の技術を吸収・移転するため、２０００年代に外資企業呼び込みのため、大幅に法規を整備しています。結果として、外国企業の研究開発施設が激増することになりました。その一例を紹介すると、北京であれば、ＡＢＢグループ、ＮＴＴドコモ、エリクソン、フランステレコム、富士通、ヒューレット・パッカード、ＩＢＭ、ＮＥＣ、モトローラ、ノキア、インテル、リコー、ソニー、サムスン、上海ではＡＭＤ、アストラゼネカ、コカ・コーラ、デル、デュポン、イーライリリー、ＧＭ、インテル、オムロン、東レ、ロシュなどがあります。これらの企業の内部に前述のように中国共産党の委員会が設置され、情報技術の開示と提供が常識です。

これまで、多数のメディアで指摘されてきたように、中国では技術のパテントに利用料を払うという観念がなく、タダノリが当然でした。そのぶん、商品・製品・サービスを安くでき、競争力につながっていたのです。２０２１（令和３）年１月末になり、パテントをタダノリしていた中国企業が中国当局に摘発され、習近平国家主席はルールを守るようにと声明を発しましたが、

（注）文化大革命：文化大革命は、ブルジョア主義や風紀の荒廃の粛清を名目に、毛沢東がティーンエイジャーを「紅衛兵」として利用、劉少奇ら「反毛沢東派」を一掃した。劉少奇は、もとの副官に軟禁され、虐待の限りを尽くされて無残な死を迎えた。鄧小平も毛沢東により、失脚させられるが、巧妙な対応で政治生命をつなげ、１９７６（昭和51）年9月に毛沢東が死去すると復活、事実上の党トップの座を奪取した。

（注）四つの近代化：四つとは、農業・工業・科学技術・国防の四分野を近代化し、21世紀になるまで中国を世界の強国にするというもの。

欧米ではただの建前でしかないと見られています。

中国は2020（令和2）年にRCEP（アールセップ）（地域的な包括的経済連携協定）に参加するなど、国際ルールの遵守が求められている中、あえて習近平国家主席は摘発を命じ、声明を出したとも分析されています。習近平国家主席はアメリカ、日本の国際的なリーダーシップを奪うため、TPP（環太平洋パートナーシップ）協定への参加も示唆していますが、それには、政治体制の転換をはじめ、ハードルを超えるのは至難の業です。

技術移転・スパイのための人材リクルート

合法・非合法を問わず、技術移転・窃盗のための人材について見てみると、国務院（日本の内閣に該当）直轄の「国家外国専家局」が最上位の監督機関となります。同局の役割はウェブサイトによれば、「外国の優秀な技術者のリクルートと、中国国民を海外留学させる活動を管理運営することにより、先進技術の導入を推進し、中国の産業の国際的な競争力を強化すること」となっていました。この機関と同様に重要なのが「国務院僑務（きょうむ）弁公室」です。この機関は海外在住中国人を専門に扱う部署で、表向きは「海外在住中国人の正当な利益を守ること」となっています。同機関は規約第四条により、海外中国人の資金、技術、技能者を中国に導入することへの調査研究の権限を持っています。

紙数の制約もあり、細部の叙述は割愛しますが、中国人学生を海外に留学させる機関として「国家教育部」も重要です。あからさまにスパイや技術窃盗を奨励しているわけではありませんが、留学生が中国に帰国したあとは、国を挙げての好待遇を付与する制度や組織があります。

中国科学院の「百人計画」では、博士号を持ち、科学研究で大きな成果を残した45歳未満の人には国内のポストを提供するようになっていました。他にも海外で学んだ50歳未満の学生や研究員に研究のための資金を与える「科学技術起業基金」、海外で博士号を取った学生、研究者に中国国内で教育機関か科学研究所での就職斡旋（あっせん）をする「中国科学院」の基金、「中国博士課程後科学基金」、「中国傑出青年海外基金」など、科学技術を中国に移転するためのインセンティブが働くようなシステムになっています。

こうして見てみると、中国には専門の諜報機関、軍のみならず多くの民間人にも情報窃盗、諜報に関するネットワークが張られていることがわかります。人材リクルートには、エゴ、セックス、イデオロギー、愛国心、お金、恫喝、脅しなど各人の状況によって使い分けられています。

ハニートラップは既に有名ですが、日本でも橋本龍太郎元首相が中国人女性のハニートラップ(注)

（注）中国人女性のハニートラップ：１９７０年代から工作スタート。中国公安部の女性諜報部員。彼女は中国への無償ＯＤＡの働きかけをし、橋本氏が蔵相だった１９９０（平成２）年、天安門事件で凍結されていたＯＤＡを解除した。国会の追及には職務上の接点とかわした。

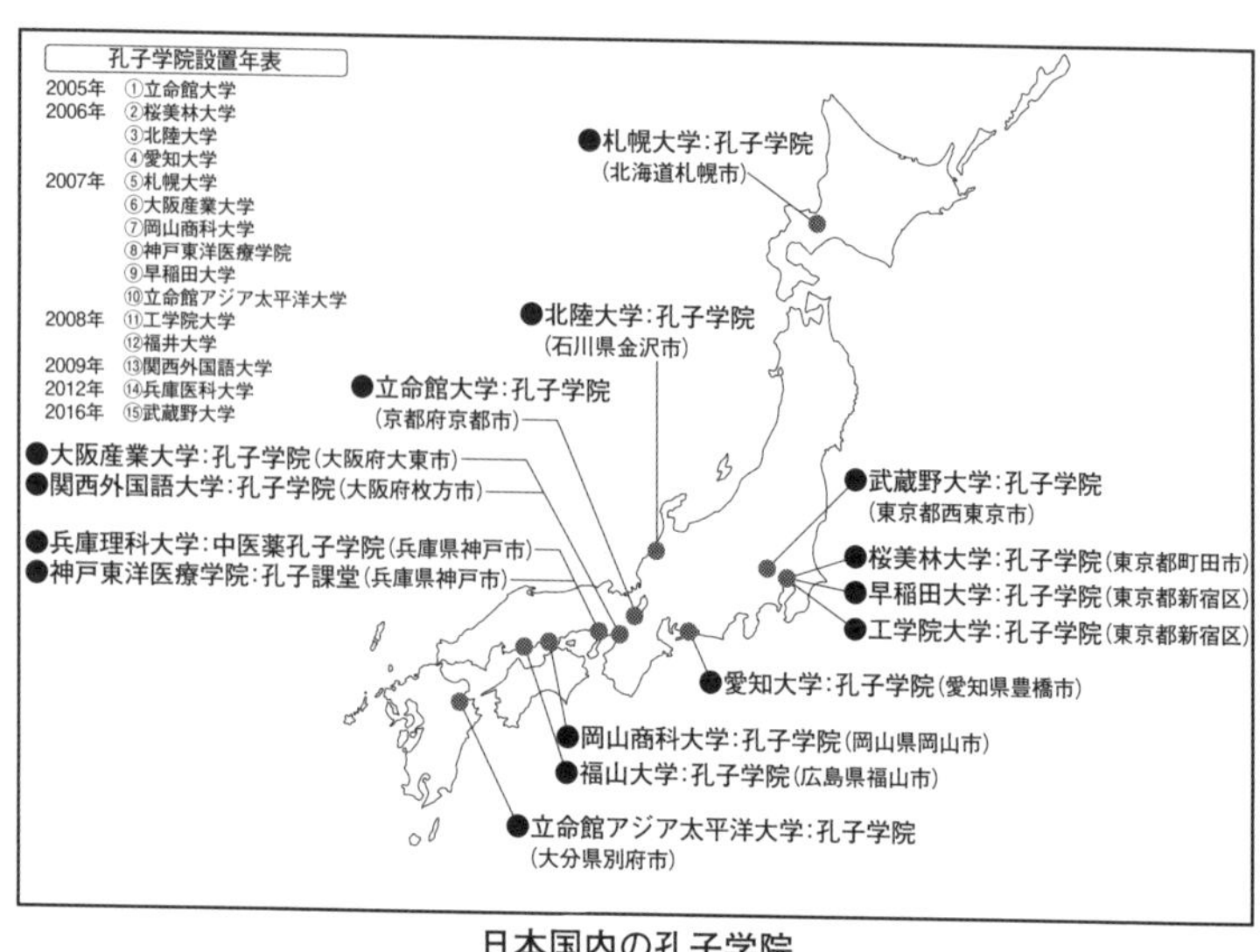

日本国内の孔子学院

に掛かっていたのは公然の秘密でした。

大きな話題となったものには、2004（平成16）年4月、上海の日本総領事館に勤める46歳の暗号担当者が、バーの中国人ホステスと親密な関係になったことで、国務院に脅迫され、機密書類を運ぶ外交官の名前・フライト番号、他の情報を教えるように要求されたのですが、「脅迫に屈するよりは死を選ぶ」と遺言を残して自殺した事件がありました。

学生・民間人ということでは、日本と欧米諸国に続々と設置された「孔子学院」の存在もあります。これは胡錦濤政権下で考案され、2004（平成16）年にスタートします。表向きは中国語の教育と中国文化の浸透となっていますが、中国共産党の元・宣伝部長の李長春は「中国の海外でのプロパガンダ拡散のための重要機関」と語っていました（『エコノミスト』２００９年10月22日号）。

孔子学院を管轄するのは党の教育部にある「国家漢語国際推広領導小組弁公室」（弁公室は事務局に該当）です。資金は中国共産党宣伝部から出ていると指摘されています。最も多く設置されていたのはアメリカで、２０１９（令和元）年7月時点で90カ所でしたが、ＦＢＩと政府の方針で次々と閉鎖されています。他にもベルギーやオーストラリアでも閉鎖が続いています。

各国の孔子学院（注）では、学問・表現の自由への干渉が多数件報告され、出版物への検閲も常態化しているとの報告がありました。特に中国共産党が嫌忌する「天安門」「台湾」「チベット」の三つのＴは孔子学院ではタブーになっています。それ以外にも中国と中国共産党にとって思わしくないイベントに対して、孔子学院関係者が阻止や中止活動をすることも珍しくありません。

アメリカでは閉鎖されている孔子学院ですが、日本では逆に増えています。２００５（平成17）年に立命館大学で第一号が開設されてから、２０１９（令和元）年の山梨学院大学で16校目となりました。早稲田大学では、世界初の研究活動中心の孔子学院を北京大学との提携で開いています。同大学の全留学生の半分以上が中国人です。

各大学で孔子学院を開いているのは、資金が提供されるという大きな理由があります。孔子学

（注）**各国の孔子学院**：２０１８年時点で世界で５４８カ所。２０２０年までに１０００カ所を目指すとされている（『尖閣（せんかく）諸島が本当に危ない！』宝島社、１６５頁）。

院では情報窃取のほかに、中国のために働くスパイ、協力者のリクルートの場にもなっているのです。この点、日本はあまりにも無防備と言えますが、戦後の平和主義の弊害の一つになっています。

中国がいかにオーストラリアの政財官界に滲透し、同国の国益を毀損したかについての著書が話題になりましたが、オーストラリアでは電力という基幹インフラの一部すら中国系企業の手に渡ってしまっていたのです。中国の浸透にやっと気付いた同国は、中国と距離をとり、日米印（インド）と共に安全保障体制を構築する「ＱＵＡＤ（クアッド）：日米豪印戦略対話」のメンバーになりましたが、浸透工作の主流は金銭によるものでした。

フィリピンに至っては、中国国有企業（「国家電網公司」）に電力を支配され、中国共産党の影響下にあるような状態となりました。一説によれば、中国系フィリピン人がフィリピンの資本の半分を握り、大きな政治力を行使しているようです。このように、一国を支配下に置くための工作を「僑務工作」と称しています。中国系の人々を動員、あるいは中国系議員の当選など、いろいろな手法があるのです。その活動は中国共産党中央委員会下の「中央統一戦線工作部（中央統戦部）」により指揮されています。

経済人、技術者も総じて札束の威力で親中国にする、中国に呼び寄せるということは珍しくありません。最近では、「ＪＲ東海」のリニア新幹線のエンジニアら、１チーム約30人の日本人がそのままリクルートされ、中国製リニアを開発中とのことです。しかし、このリニアの超電導、電磁波技術は軍事技術に転用でき、低価格かつ連続発射ができるレールガン（電磁加速砲）、空母の電磁式カタパルト（注）（航空機射出装置で中国の悲願の技術）に使えます。日本の技術といえば、1978（昭和53）年の改革開放以来、中国の発展を促し、支えてきましたが、やがて、それらが日本に牙（きば）を剝（む）くものとなってきたわけです。

スパイ活動にはどんな手法があるのか？

中国の産業スパイ活動には、①情報機関が、国家的な産業のために秘密情報を収集する、②情報機関が、軍事上の目的のために技術情報を収集する、③情報機関ではない政府組織が、国家的な産業のために情報を収集する、④経済活動を行う組織（企業、その他）が、自分たちの利益のために競争相手の企業秘密を盗む、⑤個人が①から④の組織に売るため、あるいは自分の事業で

（注）カタパルト：空母のカタパルトは従来、日米しか運用できないとされた技術。現在の中国の空母「遼寧（りょうねい）」と「山東（さんとう）」はジャンプ台方式。3隻目となる空母（艦名はまだない）にカタパルトが装備されている。2035年までに空母4隻、将来的に6隻体制にするのが中国の目的。ただし、今のところ空母に搭載するJ－15という艦載機の性能はまだまだ低い。日本は護衛艦にF－35Bを登載する予定だが、中国機より、はるかに優秀。F－35BはF－35Aと異なり短い滑走路でも離陸できる。断トツで世界最強のF－22（アメリカのみ）に次ぐ優秀な戦闘機。

使うために秘密を盗む、の五つがあります。

インテリジェンスの世界では昔から、一般に公開されている情報を収集して解析する「オープンソース・インテリジェンス（オシント）」、電波情報を収集する「シグナルズ・インテリジェンス（シギント）」、諜報員のスパイ活動の「ヒューマン・インテリジェンス（ヒューミント）」の三つが基本です。オシントなんて大したことはないと感じるかもしれませんが、高レベルの諜報においても8割から9割はオシントによるものなのです。公開情報は収集と解析、構成の仕方ではバカにできません。インターネット情報鎖国、外に出られない私はオシントが中心なので、それを痛感する日々です。恫喝やハニートラップなどで、スパイを強要、あるいは金銭やイデオロギーなどを駆使してスパイに仕立て上げるのはヒューミント、近年、急増してきたインターネットを介したサイバー攻撃やハッキングはシギントになります。

中国の凄（すご）いところは、中国共産党の一党独裁体制[注]なので、それこそ１００年にわたる計画・構想も実行できる点です。前出の中西輝政京都大学名誉教授によれば、中国共産党による対日工作の原点は１９３９（昭和14）年に遡（さかのぼ）ります。同年、毛沢東が発表した『中国革命と中国共産党』の初版では以下のような目標が明示されていました。①中国大陸の歴代国家で過去最大だった清朝の領土[注]・属国を奪還する、②奪還対象には琉球（りゅうきゅう）（沖縄）も含む、③日本をはじめ、中国が属国とみなすアジアの地域を「民主化」、つまり共産化する、この三点により、中国はアジアの盟主となり、再び自国を「世界の中心」とする中華圏を構築しようと図ったのです。日本は中国の属国ではありませんでしたが、朝鮮、越南（ベトナム）、琉球は中国に朝貢（貢ぎ物をすること）して、王に封ぜられています。この体制を冊封と言います。日本を共産化し、アジアを共産化することは、毛沢東や毛沢東のバックとして君臨していたソ連のスターリンにとって世界共産革命構想の中心でした。

その対日工作員として期待されていた1人が、尾崎秀実でもありました。前述したように近衛首相のブレーンは「昭和研究会」を作り、1937（昭和12）年3月、その中に「支那問題研究会」を設置し、7月には尾崎秀実が責任者になったのです。彼は翌年7月、朝日新聞社を退社し、第一次近衛内閣の嘱託となり、首相官邸に自由に出入りしています。

尾崎秀実は中国問題に詳しい評論家として多くの論文を寄稿していました。1937（昭和12）年、『中央公論』（9月号）では蔣介石政府を非難、同年の『改造』臨時増刊号（9月23日付）では日中戦争拡大方針を主張していたのです。翌年の『改造』（5月号）では「長期抗戦の行方」

（注）一党独裁体制：現実には小党を含めて8つの党があるが、形だけであり、全政策は中国共産党と同じという状況。要は中国共産党以外にも党があります、という建前上のもの。

（注）清朝の領土：最大の版図だったのは、清朝第6代の乾隆帝の治世（在位、1735年〜1795年の60年間）。海外に10度遠征して版図を拡大したので「十全老人」と称された皇帝。この皇帝のあと、清（中国）は沈んでいった。文化的にも『四庫全書』（中国最大の漢籍叢書）を編んだ。

を寄稿し、戦に感傷は禁物、日本国民に与えられている唯一の道は戦に勝つということだけと煽(あお)り、「前進！ 前進！」と論稿の中で連呼していました。こうして、ことごとく和平を潰(つぶ)し、何百万人という人を殺すことに至ったのです。

戦後の中国共産党が対日工作で特に力を注いだのは、1960（昭和35）年の岸信介首相による日米安保条約改定潰しでした。もともと岸首相は「親台湾派」の重鎮なので中国共産党はなんとか岸を失脚させるため、ソ連と共に安保闘争を煽動(せんどう)する工作を仕掛けています。

ソ連崩壊後の文書公開によって明らかになっていますし、中国共産党の工作についても、戦時中に聖将、勇将、知将と高く評されていた今村均(注)元陸軍大将が、1966（昭和41）年に自衛隊内の部内誌『修親』（同年1月号）に論文を発表し、中国共産党の対日工作員の陳宇氏が、共産党員であり、日教組の大幹部の赤津益造(あかつますぞう)氏に対して暗号電報を6月1日（1960年）に打ち、闘争・運動を指令していると述べていました。

のちに政治学者の猪木正道氏は、「ソ連に対しては、つねに身構えて対処する指導的立場の日本人たちが、中国を相手にした場合に示す無防備ぶりは、全く常軌を逸している」（『産経新聞』1978年4月20日付）と語っています。

日本の政府官界の赤化（中国共産党による影響）を見る

２０２０（令和２）年７月、アメリカの有力シンクタンクの「戦略国際問題研究所」が、アメリカ国務省（日本の外務省に相当）の支援を受けて作成した「日本における中国の影響力（Chinese Influense in Japan）」と題する報告書を発表しました。

報告書では、自民党の二階幹事長と、安倍元・首相の補佐官兼秘書官（注）で首相の側用人・柳沢吉保と異名を取った今井尚哉氏の２人が「媚中派・対中融和勢力」と指摘されていました。

また、報告書では二階派の秋元司氏の名前もあります。同氏は中国のオンライン・スポーツ・ギャンブルの大手プロバイダーの「５００ドットコム」から総額３７０万円（３万３０００ドル）の賄賂を受け取ったとして逮捕され、２０２１（令和３）年９月に懲役４年、追徴金７８５万円の実刑判決を受けています。この企業の主要株主は中国政府が支援する半導体メーカー「清華大学グループ（清華紫光集団）」であり、同グループの51％の株式を保有しているのが、習近平国家主席や胡錦濤前国家主席が卒業している清華大学の完全子会社の精華ホールディングスでした。

（注）**今村均**：戦後、自ら戦犯としてGHQに出頭し、自らの部下たちがいるからと、熱暑で悪条件のマヌス島収容所を希望。帰日後は庭に小さな庵を作り、そこで生活した。人徳も知性も勇気もある出色の人物。

（注）**補佐官兼秘書官**：首相補佐官は各省庁の次官より上。首相秘書官は次官と同等。他の国務大臣の秘書官は各省庁の審議官・局長クラスと同等。このため双方共に入省年次は同等にしている。しかし、菅前・首相の秘書官らは官房長官時代の秘書官がスライドしたため、「若過ぎて」各省庁との折衝に支障をきたしている。補佐官はトップの公式アドバイザーでもある。

二階氏と中国の結び付きは世間でも多くの人が知るところですが、親中の田中角栄首相の派閥出身ということもあり、関係は古くからありました（余談ですが、田中派を乗っ取った竹下派も親中です）。２０１１（平成23）年には新潟に中国の総領事館を建設するため、紛争となりましたが、その解決に暗躍したのが二階氏という報告があります。このとき、中国の工作員が動員されたこともあり、外事警察も動きました。24時間の監視体制の中、工作員と接触したのが地元政治家の他、二階氏だったのです。

さらには、年金福祉事業団（現在は年金積立金管理運用独立行政法人）保有で赤字続きの保養施設「グリーンピア」の払い下げにあたり、一部に二階氏と懇意の中国人実業家・蔣暁松（しょうぎょうしょう）氏が絡んでいました。蔣氏はその後、撤退しています。

今井氏に関しては、私もリアルタイムで強い関心を持っていました。私の情報源はすべてオシント（オープンソース）です。今井氏は２０１７（平成29）年5月、習近平国家主席が主催する「一帯一路」に関する国際会議（注）に二階氏と共に出席し、二階氏が習近平国家主席に渡す予定だった安倍元・首相からの親書の内容を無断で書き換え、中国に阿（おもね）ったのでしたが、これは関係者の間では周知の事実でした。この件では、外務次官出身で国家安全保障局長に就任していた谷地正太郎（やちしょうたろう）氏（注）が激怒し、猛抗議しています。以後、この2人の間には深い溝ができ、順調に推移してきた安倍内閣の官邸での「和と分担」に乱れが生じました。

この今井氏は、第9代経団連会長の今井敬氏を叔父に持ち、東京大学法学部を1982（昭和57）年卒業後、通産省（現・経産省）に入省したエリートです。今井会長は新日鐵出身で、「日中経済協力会」の名誉顧問でもあり、中国との関係には深いものがあります。新日鐵は中国の宝鋼集団や、上海宝山製鉄所の開設に協力しています。

「日中経済協力会」(注)に対し、中国はさまざまな手段で接触して親中派の経済人を養成してきました。稲山氏のあとの第6代経団連会長の斎藤英四郎氏も中国と関係が深いのです。中国は中央統一戦線工作部が主導した日中友好7団体を利用して日本の政治家への浸透と親中工作を続けています。2020（令和2）年1月の在日中国大使館における新年会では日中友好7団体が招かれ、「日本国際貿易促進協会」の河野洋平会長、「日中協会」の野田毅会長、「日中友好議員連盟」の海江田万里副会長（会長は林芳正氏）らが参加しています。

（注）「一帯一路」に関する国際会議：中国最大の国際会議となった。

（注）谷地正太郎：外務省では珍しく、愛国心のあふれる国士肌の人物。北朝鮮、中国、韓国にも毅然と対応し、安倍元・首相の意向に合っていた。首相の信頼も厚く、重要な役職にあり、その職責を十二分に果たしていた人物。のち、今井氏との軋轢により2019（令和元）年9月に谷地氏が辞任すると、官邸のパワーバランスは今井氏一極となり、首相と菅官房長官の不仲を招くことになった。ただし、今井氏の安倍元・首相への忠誠心には深いものがあり、第一次安倍政権後もずっと寄り添っていた。

（注）日中経済協力会：「日中共同声明」発出の1972（昭和47）年設立。初代会長は、経団連第5代会長の稲山嘉寛新日鐵社長。

他団体関係者への工作は、どうなっているのか？

この項は、『尖閣諸島が本当に危ない！』（宝島社）の時任兼作氏の論稿を参考にしていますが、前出のような中国による浸透工作のほか、私たち日本人が最も憂慮しなければならないのは、安全保障・国防の要である自衛官や防衛省関係者への工作です。

こちらは完全なスパイ工作であり、日本の公安警察や外事警察も常時、目を光らせているものの、人員不足により完璧とは言えません。衝撃的なのは自衛隊の装備や対応能力について、ほぼ完全に中国に把握されていることを証明するインターネットへの投稿が判明したことでした。

外事警察によれば、防衛省や自衛隊にスパイ工作をしていることは把握できても、それらの組織が有効な措置を取ろうとしないそうです。防衛大学校に対する中国人女性スパイの工作が多くの「成果」を挙げているにもかかわらず、大学も防衛省も放置しています。公安当局では防衛大学校内に十数人の問題人物が確認されているとのことでしたが、防衛省は何の対策も講じていません。

公安関係者によれば、幹部から駐屯地勤務の隊員、有力ＯＢらの「中国政経懇談会」にも不透明な部分が多いとのことでした。中国側の参加者は現役の大佐であり、情報将校ゆえに情報操作に長けていると言われています。会では十二分以上に接待が行われ、酒食の他に女性の接待もあるそうです。他にも現役の佐官級（大佐・中佐・少佐。自衛隊では一佐・二佐・三佐と呼ぶ）の「日中佐官級交流」があり、中国側は情報工作の先兵が出席しているとされています。

中国側は防衛省のシンクタンクともされる防衛研究所と、装備について研究開発を担当する機密部門の防衛装備庁（旧技術研究本部）にもスパイ工作を仕掛けています。過去には２００７（平成19）年に潜水艦の資料を持ち出した主任研究官を窃盗容疑で「書類」送検していました。この研究官は北京に渡航したり、日本国内で中国の武官も交えて度々、酒食を共にしていたと報告されていました。

日本の当局関係者は、軍事機密に通じる防衛省の技術者や研究者はトラップの対象とされていることを明確に認識すべしと、警告を発しています。中国の工作の中核はスパイの陣容の厚さで、大学などを拠点とした学者グループだけで約５００人、企業・研究所ともなれば４０００人強のスパイの存在が「確認」されているのです。女性スパイも少なくないとされていました。

このような中国のスパイの活動を支える日本の著名人・政治家・企業人も多数いて、中には首相経験者（有名なのでは鳩山由紀夫氏）をはじめ、政権幹部や一流企業の役員や芸術家までいました。

工作員は中国大使館員に扮し、メディア関係者や政治家を介して防衛省キャリア・幹部自衛官・研究者たちを「御用達」の飲食店に呼んで接待するほか、中国大使館のパーティーに招いてきっかけを作り、以後は中国旅行・中国で開かれる国際的なシンポジウムや研究発表会への出席を働きかけるのが常道です。

そして、そのあとはハニートラップが待っています。２００６（平成18）年4月に、海上自衛隊の一等海曹が上海のカラオケ店に出入りし、その折りに海上自衛隊の内部資料を女性店員に渡していた事件がありました。防衛省内の処分は停職10日というものでした。自衛隊の各駐屯地近くには中国人女性のスナックも多く、自衛隊員との接触の機会を増やしています。防衛省内では「基地外婚」と称される中国人女性と結婚した隊員が陸上自衛隊で約３５０人、海上自衛隊で約１４０人、航空自衛隊で約70人、合計５００人以上もいるとされています。

中国人女性との結婚が即座にスパイ活動、日本の国防に関する機密漏洩（ろうえい）につながるとは限りません。しかし、中国には独特の法律があって、外国にいるとはいえ、中国人ならば国のためにさまざまな活動を義務づけられているのです。その一つが「国防動員法」で、有事となれば海外の中国人は全員が中国共産党の指令に従って活動しなければならないという法律です。

換言すれば、日本にいる外国人の中で最大勢力の中国人が、中国共産党の命令一下、トロイの木馬になってしまいます。

そうしてもう一つは、「中国国家情報法（注）」です。これは国民が中国共産党の情報活動に協力しなければならない法律になっています。海外にいるので、協力するかどうかわからないであろう、と考えるのは早計で、居住国の中国大使館をはじめとした華人ネットワークにより、厳重に監視・管理されるほか、中国に家族が残っていれば、警告され、従わないときは家族に不利益な措置がなされます。

現実に日本やアメリカにいる中国人留学生が、民主主義礼賛や中国共産党・中国批判をすると、即座に当局から、あるいは中国にいる家族から連絡がきて、誤りを指摘されるのです。中国共産党のデジタル監視・管理体制は人海戦術も含めて、強固な網の目になっています。

反スパイ法の制定後、北京市国家安全局は２０１７（平成29）年4月、スパイ行為の通報を奨励する規則を施行しました。これにより最高で50万元（約８２５万円）の報奨金が出るのです。この額は平均年収3万元（約49万５０００円。しかし平均月収１０００元＝約1万６５００円の人が6億人いる）にとって16年分にあたり、中国民衆にとって決して少ないものではありません。

こうしたヒューミントによるスパイ活動での情報窃盗の延長にあり、表面を美しくコーティングしたのが２００８（平成20）年から始まった「千人計画」[注]です。これは、ハイテクなどの高度な科学技術で中国が世界一になるための人材リクルート戦略です。

（注）中国国家情報法：２０１７（平成29）年6月施行。第7条で「国民と組織は、法に基づいて国の情報活動に協力し、国の情報活動の秘密を守らねばならず、国は、そのような国民及び組織を保護する」となっている。

（注）千人計画：英文では「Thousand Talents Plan」。

日本貿易振興機構（JETRO）がインターネットに公開した文書では、2017（平成29）年3月28日付で、公安部、外交部、国家外国専門家局、人力資源社会保障部の四セクションによる共同発行の形で「外国人訪中就労許可制度全面実施に関する（四セクションの）通知」というタイトルになっています。これには習近平国家主席の重要講話を徹底して世界中の英才を集めて起用、ハイレベル人材(注)の訪中を奨励し、一般人材は制御し、低レベル人材は制限するという原則を守り、国の重大な戦略の実施と経済社会の発展に一層貢献することを目指す、と述べられていました。このハイレベル人材（Aクラス）とは、中国の経済社会発展のために、早急に必要な科学者、科学技術分野の優秀な人材、国際企業家、専門的な特殊人材などの優秀で国内で不足している外国ハイレベル人材となっています。

この千人計画で大きなポイントは、それまで在籍していた研究機関との兼務も認められている点です。これは研究成果を吸い上げようという構想を具現化した面もあります。この「千人計画」では、これまで7000人以上（2018年時点）の人材を集めました。

アメリカではFBI（連邦捜査局）が捜査対象とし、2020（令和2）年1月にはハーバード大学化学・化学生物学部長のチャールズ・リーバー教授を逮捕・起訴しています。同教授はナノ・テクノロジーの世界的権威で、「千人計画」に参加して月額5万ドル（約535万円）の給与、15万8000ドル（約1660万円）の生活費を受け取った見返りとして、湖北省の武漢理工大学名義での論文発表を要求されていました。直接の容疑は外国から研究資金を受けた際に報告する義務を怠ったということでしたが、虚偽の申告は有罪の場合、最高20年の懲役刑になります。

２０１９（令和元）年11月にはアメリカ連邦議会が「千人計画」を脅威であると報告書を公表しました。それによれば、アメリカの研究資金での成果が、中国に奪われて、中国経済と軍事力の強化に使われていると なっています。中国の科学技術重視はハイテク産業戦略の「中国製造２０２５」(注)のためでもあるのです。

（注）ハイレベル人材：条件として、ノーベル賞受賞者、アメリカ国家科学賞、アメリカ国家技術賞、フランス国立科学研究センター研究褒賞、英国王室ゴールド・メダル、数学分野でのノーベル賞とされるフィールズ賞、日本国際賞、など16種類。他では、オリンピックでの上位入賞者、芸術、文学の分野も含まれている。ハイレベル人材は40項目にわたって分類され、合格者は本人及び配偶者、未成年の子女にまで永久居住証や期間（2年～5年）つきの数次再入国ビザが発行され、各種保険制度の利用、住宅手当、子女の教育費、配偶者の仕事、破格の高給などが付与される。

（注）中国製造２０２５：ＡＩ（人工知能）、航空宇宙、ＶＲ（仮想現実）、高速鉄道、新エネルギー、自動車、半導体など多分野において、建国１００年を迎える２０４９年までに中国が世界トップレベルになるという戦略。２０１５（平成27）年の全国人民代表大会（全人代。日本の国会に該当）において、李克強首相が宣言。10の重点分野と23品目設定。２０４９年にはアメリカを抜くという目標がある。10の重点分野は、次世代情報技術（半導体・５Ｇ）、高度デジタル制御工作機械・ロボット、航空・宇宙設備、海洋エンジニアリング・ハイテク船舶、先端的鉄道設備、省エネ・新エネ自動車、電力設備（大型水力発電・原子力発電）、農業用機材（大型トラクター）、新素材（超電導素材、ナノ素材）、バイオ医薬・高性能医療機械。それぞれに市場占有率を定めている。

「千人計画」では2020（令和2）年9月以降、「日本学術会議」(注)や日本の大学・研究機関の関係者もリクルートされていることが、メディアで指摘されています。定年退職後、年俸1500万円以上、送迎の車、邸宅、潤沢な研究資金を与えられた日本の学者・研究者の実態が報じられていました。

具体的な例では、タンパク質の構造を専門とする服部素之（はっとりもとゆき）氏が復旦大学教授となり、5年で1億円以上の研究費と10人の研究員を与えられているほか、ソフトロボット開発者の福田敏男氏（元日本学術会議メンバー）が日本以上の条件で中国に渡っていました（『テーミス』2021年1月号）。

『週刊新潮』誌上でも数週にわたって中国に渡った日本人研究者(注)の特集をしていたのですが、学者本人は総じて情報や技術流出には無関心で、研究ができる、給与が支払ってもらえる、という点で参加しているように感じられました。

従前、日本には研究者が資金を援助されることへの法的規制はなかったのですが、文部科学省では、2021年度から外国から研究費を受けた際には申告義務を課すことになっています（海外での活動も同様です）。

「千人計画」で中国での研究をしている研究者に対し、日本の貴重な技術・ノウハウが奪われる、日本の脅威となっている中国に貢献するのか、中国の軍事力増強に加担するのか、日本人としての矜持（きょうじ）や愛国心はないのか、などなど論難されていますが、私は研究者の立場や「本能に近い性質」を鑑みれば、別の見方もせざるを得ません。

研究者の道を選択したくらいですから、専攻分野について研究したい、続けたいという心情があること、半ばそれが研究者の本能や習性に近いものであろうことは想像に難くありません。

そもそも、なぜ、中国にまで渡って研究するのかと考究すれば、日本の研究環境が悪化してきたからです。研究者の大部分は大学教授・准教授という立場であり、研究以外にも諸々（もろもろ）の大学内での仕事・雑用をしなくてはなりません。甚だしい職場としては、学界である程度、名のある研究者・学者が、受験会場の監督官というケースも少なくないのです。

（注）日本学術会議：この組織の問題点は閉鎖的であり、会員による推薦での指名のため、メンバーが著しく偏っていること、軍事研究に関与した大学、学者を排除をちらつかせて中止させるような学問の自由の侵害、現在、世界のどの国でも民間・軍事両面を問わないデュアル・ユースが常識なのに拒否していること、日本の防衛技術研究は拒否しているのに、中国の防衛技術研究は受けいれていること、会員間での左傾したイデオロギーが見られることなどであり、国民の税金を投じる特別職国家公務員にふさわしくない。左傾を特殊イデオロギーとして指摘した報告には、１９７１（昭和46）年9月3日付『朝日新聞』への自民党政調内閣部会によるものがある。現在の学界においても、この組織のあり方に疑問を呈する人が少なくない。『週刊新潮』（２０２０年12月31日・２０２１年1月7日号）では、この組織が共産党に牛耳られてきた歴史を紹介していたが、微塵（みじん）も中立性は見られなかった。

（注）中国に渡った日本人研究者：『読売新聞』（２０２１年1月25日付）では延べ44人が中国で研究。うち13人は過去10年で1億円を超える科研費を受けていた。最高は3億円以上を受けた人もいる。

それ以上に日本の大学では一部の高い業績のある研究者・学者以外には、ろくな研究費も与えられなくなっています。俗に「科研費(注)」の支給条件が厳しくなったのには、文部科学省が策定した、大学の独立行政法人化が主因で、これにより、科研費の支給が、その研究内容と成果について大きな差がつけられるようになり、東京大学、京都大学などの一部の大学に手厚く、それ以外には大きく削減されるようになったのです。

もちろん、業績に比例して科研費が増減されること自体はいいとしても、研究が満足にできないどころか、博士号を持っていても就職できない、またはぎりぎりの生活を強いられるとなれば、本人だけではなく、行政の問題にもなってきます。現在、科学分野での国際的な学術論文発表数において、日本は減少の一途を辿り、将来の科学技術振興、イノベーションに赤信号が点ってきたのも、このような背景によるものです。

仮に研究者に愛国心が欠けていたとしても、それは戦後日本の「国家権力及び国家否定の偏向教育」の影響もあり、すべてを当人の自覚のなさとは責められないでしょう。中国にいる日本人研究者を非難することは容易ですが、根本は日本の研究環境の整備・充実(注)を図りながら中国への軍事転用になることがないように啓蒙、監督していく体制を作ることです。欲を言えば、学術界に通奏低音として流れる日本国・国家の否定と、日本だけについての軍事研究拒否というすべての誤った思考を是正していかなければなりません。

日本在住の中国人留学生の使命とは!?

中国では、海外に留学した人の多くが帰国しないことを前提に、「外国に留まる人は留まったまま祖国に奉仕するように」促す政策も進めてきました。といっても代償なしではなく、「継続的に技術情報を送るなら帰国は無用」というだけのことです。

中国共産党は1996（平成8）年に人事部（現在の「人力資源と社会保障部」）が発表した第75号「95期間人事系統留学人員工作規画」（第9次5カ年計画での人事システム、海外在住学者と仕事をする計画）において、共同で達成する目標を政策として規定しています。その政策の眼目は、海外在住中国人学者は人材の貴重な源であり、この職務を完遂することは、中国全体の発展や人材資源利用にとって貴重な使命であるという旨でした。

具体的には海外の中国人学者が中国のために種々の方法で働けるシステムを作る、とされています。2003（平成15）年2月には、人事部、教育部、科学技術部、財政部、外交部、公安部、対外貿易経済合作部（今の商務部）、国家発展和改革委員会、中国銀行、中国科学院、国家外国

（注）科研費：科学研究費助成事業によって与えられる資金。2020年度は応募10万4158件に対し、支給は27・4％の2万8539件、総額2200億円（『読売新聞』2021年1月25日付）。

（注）研究環境の整備・充実：菅政権は2021年度予算に科学技術の振興対策費として30兆円（今後5年間で）を計上。研究員への補助金（給与に相当）も1人180万円増額。

専家局が合同でレポートを出し、海外留学をしていた学者が帰国後に仕事をすることについての合同作業委員会設立を発表しました。

このように海外で学んだ学者を中国国内で優遇する政策も制定しているのですが、絶大な成果を残しています。中国科学院会員の8割以上が海外で学んだ学者であり、さらに「両弾一星計画」（核兵器、弾道ミサイル、人工衛星の計画）で賞を受けた23人の科学者・技術者のうち、21人が外国で学んでいました。

中国共産党は海外在住中国人学者に対して「二つの基地方式」を用いて貢献を促しています。これは、外国在住のまま、その国の施設で研究し、得た成果をノウハウ、データ、製品サンプルなどの形で中国に渡すということを指しているのです。報酬については、支払われる場合も、そうでない場合もあります。こういうことを知ると、どこか開国後の日本の明治時代を想起してしまいます。むろん、日本は情報窃盗やスパイなどせず、超の付く高額報酬で（時の首相より高額で！）外国人を雇って学んでいました。しかし、国を挙げて経済、技術などの発展を目指す姿は、現在の日本も見習うべき点があるのではないでしょうか。もちろん、日本は公正で法に則（のっと）ったやり方でということですが。

シギント、サイバー攻撃、サイバースパイについて

最後は今や猖獗（しょうけつ）を極めつつあると言っても過言ではない、サイバースパイ関連について見ていきます。サイバー攻撃、サイバースパイについては、アメリカで２００５（平成17）年頃から喧伝（けんでん）されていましたが、政府や軍が公式に言及したのは、２００７（平成19）年３月、統合参謀本部副議長のカートライト大将が、「米中経済および安全保障レビュー委員会」に対し、中国のサイバー偵察行為を報告したのが最初です。翌年には、ホワイトハウスと国土安全保障省の元サイバーセキュリティ担当官が、中国の行動を大規模なスパイ行為と、『ビジネスウィーク』誌（４月21日号）で発表、２０１１（平成23）年にはアメリカ国家防諜室が、中国は世界で最も活発で執拗（しつよう）な経済スパイを行っていると指弾しました。

サイバースパイということでは、大きく分けると人為的あるいは機器を使って積極的に仕掛けるものと、通信機器やコンピュータなど機器によるものがあります。積極的なサイバースパイ、サイバー攻撃では、２０１６（平成28）年のアメリカ大統領選挙における、ロシアと中国からのサイバー攻撃が注目されました。仕組みは人間、またはボットと称されるコンピュータが自動的に一方の陣営を不利に（その逆もある）誘導するため、フェイク情報・デマをインターネット上に拡散させるものです。アメリカやロシアではボットがメインですが、中国はさすがに「人民の海」の国らしく、人間によるサイバー攻撃が主体になっています。

日本では「サイバー戦」という語ではなく、「サイバーセキュリティ」という語を使います。

セキュリティですから、国際的常識では「安全保障」を意味します。大前提として、サイバー空間とは何かという定義をすると、「インターネット（光ファイバー、海底ケーブル、衛星を含めて）、インターネットに接続されているネットワーク・電子機器（コンピュータ、サーバー、スマートフォン、タブレットなど）が作る空間」となります。現在、サイバー空間は陸・海・空・宇宙に次ぐ第5の戦場と呼ばれ、重要視されるようになりました。

サイバー戦を細かく区分すると、「サイバー情報活動（サイバー・インテリジェンス、サイバースパイ活動）」、「攻撃的サイバー戦」、「防御的サイバー戦」の三つがあります。「サイバー情報活動」の目的は二つで、相手のネットワークからの情報収集、相手のシステム自体に関する技術的情報の収集と分析です。これにより、相手のシステムの弱点を見つけて攻撃対象にできるのです。「攻撃的サイバー戦」では相手のシステムに侵入しなければならないので、人為的なハッキングと、自動化されたソフトウェアによる攻撃に分かれます。自動化ということでは、自律型マルウェアによる攻撃もあり、相手のシステムに感染を広げるほか、目的のシステムやサーバーをダウン、データの書き換え、情報窃盗を行います。人為的なハッキングもやることはほぼ同じです。「防御的サイバー戦」では、大量のデータや不正なデータを送りつけるDoS攻撃のように、システム内部に侵入せず、直接、システムに負荷をかける攻撃への防御と、システムに侵入してきた攻撃（プログラム書き換え・情報窃盗・システムダウンなど）への防御を指します。

サイバー部隊といえば、国家の財政難でしきりに他国の金融機関のシステムにハッキングして大金を盗む北朝鮮のエリート部隊(注)を想起してしまいますが、この分野においてもナンバーワンはアメリカです。年間予算は70億ドル（1ドル105円として7350億円）、兵力は9000人、2位は中国、それぞれ15億ドル（1575億円）、3万人、3位イギリス、4億5000万ドル（472億5000万円）、2000人、4位ロシア、3億ドル（315億円）、1000人、5位ドイツ、2億5000万ドル（262億5000万円）、1000人、このあと、北朝鮮、フランス、韓国、イスラエル、ポーランドと続き、11位に日本、2億5000万ドル（262億5000万円）、500人となっています。韓国の予算は4億ドル（420億円）にもなっていました。

それでも日本は第二次安倍政権になってから、急速に整備してきたと言えます。この際の敵は日本の陰の中枢とも言われる財務省主計局です。予算増額には渋い省、部署として長く君臨してきました。次の敵は日本の安全保障は憲法第9条があるから安心という理念信仰の左派メディアとその陣営です。順位については『自衛隊は中国人民解放軍に敗北する!?』（扶桑社新書）を参考に、一部最新の数字に入れ換えています。

中国では習近平国家主席自らが指揮しています。中国のサイバースパイの特徴は「隠さない」

（注）北朝鮮のエリート部隊：北朝鮮のサイバー部隊（超エリート）について知りたい人は拙著『日本と韓国・北朝鮮　未解決問題の真実』（育鵬社）を参照されたし。

ことです。「私がやりました！」とは宣言こそしませんが、アメリカのような秘密主義ではなく、調べれば中国の仕業とわかるやり方で、国力を誇示する手段にもなっています。国を挙げて情報窃盗に励んでいますが、「情報」という語には二つの意味があります。英語では「インテリジェンス」と「インフォメーション」とするのが一般的ですが、中国語では「情報」と言います。「インフォメーション」は知らせること、案内などですが、「インテリジェンス」となると知らされた情報・知識が分析やなんらかの処理をされたものを指します。諜報やスパイの世界では「インテリジェンス」とするのが常道です。中国というと古くから「三戦[注]」という情報戦を外交・国際社会の場で常用してきましたが、その延長上にサイバー戦もあります。

　サイバー戦の利点は何よりもコストが安く、効果は大きいということです。兵員が死傷することもなく、失敗しても被害は小さいもので済みます。実行者の心理に関しても、倫理観をさほど害することなく、罪悪感も稀薄（きはく）どころか、相手のシステムをかいくぐったという知的競争に対する満足感・優越感さえあります。実際にアメリカをはじめ、諸国では腕のいいハッカー育成に力を入れ、善意・正義のホワイトハッカーとして働いてもらうという仕組みが普及してきましたが、日本も近年になって見習うようになりました。

　さて、中国・インターネット・フェイクと言えば落語の三題噺（さんだいばなし）みたいですが、「五毛党（ごもうとう）」の存在が有名です。正式名称は、「網絡評論員（インターネット・コメンテーター）」といって、中国共産党に有利な世論を形成するのが目的です。インターネット上で中国共産党宣伝部の意向・意思を拡散する他、中国版のＬＩＮＥ「微信（WeChat）」の監視をし、中国共産党と異なる主張をする人物・組織を集団で攻撃するのも任務になっています。

最初は中国共産党がアルバイトを雇い、固定給プラス書き込んだ量に対して歩合給を払うという制度でした。１本のコメントについて5毛（1毛は約1・65円。10毛で1元）の支給というのが「五毛党」の由来です。近年は１本８毛になったともいわれ、２０１５年時点で約１１００万人いるとされています。

日本の公安関係者の話では、「五毛党」は安倍・トランプ支持、反中国、反習近平といった保守層好みのキーワードを使って関心を引き、その後、アニメや女性のアイコンを使って近付き、ソフトイメージで取り込むそうです（『日本復喝！』ハート出版）。同書によれば「チベットは共産党による開放政策で幸せに暮らしている」「ウイグルで収監されているのは薬物常習犯だ」「香港デモは、ただの暴漢」「天安門は暴徒への取り締まりに過ぎない」といった書き込みが「五毛党」のものと疑われています。

（注）三戦：輿論戦、心理戦、法律戦。この三つを駆使して実力行使以前に敵を屈服させよとする。『孫子』の兵法が源流。中国の得意なプロパガンダもこの一つ。大東亜戦争以前から長けていた。日本は逆に「ド」がつくほどの下手。国際社会・外交の場はリアリズムゆえに日本流の「至誠は天に通ず」は通用しないどころか逆効果。

世論醸成くらいは、まだ実害が少ないのですが、これがハッカーを組織的に動員するとなると別の話になります。民間企業、研究所、大学、医療機関、はては軍の機関など、機密情報がインターネットを介して盗まれているのです。日本においても２０２０（令和２）年５月20日の三菱電機（防衛省が研究中の「滑空弾」の情報が流出した可能性がある）など、防衛産業に関係する企業のコンピュータがサイバー攻撃を受けていました。

アメリカでは、中国政府が支援する「ディープパンダ」が医療機関をハッキングし、約８０００万人分の患者の記録を盗み出していました。２０２０（令和２）年、アメリカではサイバースパイ工作をした中国人ハッカーを次々と逮捕しています。単に逮捕するのなら難しくありませんが、どのようなテクニック技術で見つけたかを敵に知らせてしまう恐れ(注)もあるので、十二分に配慮して対処しなければならないのです。２０１４（平成26年）年5月にはアメリカの司法省がサイバースパイ容疑で中国軍の５人の将校を起訴し手配するなど、不正なハッキングと、サイバースパイには厳しく対処するようになってきました。民間のハッカーとは別に中国も専属のハッカー部隊を編制しています。

習近平国家主席はサイバー強国を目指すと宣言したこともあり、その力の入れ方は並ではありません。中国軍のハッキング部門は党中央軍事委員会(注)の下に、２０１６（平成28）年に新設された「戦略支援部隊」が統括しています。この部隊は陸海空の三つのドメインに加えて重要となってきた戦いを一元的に指揮するため、従来まで別編制だった宇宙作戦、電子戦、サイバー戦、信号・通信傍受工作、ネット宣伝工作などの各部門が統合された部隊です。司令部には「宇宙システム」（宇宙作戦担当）、「戦略支援部隊ネットワークシステム部」（電子戦、サイバー戦、信号・通信傍受、ネット宣伝工作担当）が設けられています。

この「戦略支援部隊ネットワークシステム部」こそ、中国軍ハッカーの心臓部で、部隊番号は「第３２０６９部隊」です。本部は北京市海淀区西部にあります。人員は約17万５０００人、うちサイバー部隊は約3万人とされています（『令和元年版防衛白書』）。「戦略支援部隊」はネット世論操作などの対外宣伝についても「第３１１基地」部隊が担当していました。北米を担当するのは（第2局）、「第６１３９８部隊」（上海）、日本と韓国を標的にしているのは（第4局）、「第６１４１９部隊」（青島）、「第６５０１６部隊」（瀋陽）、「第７２９５０部隊」（済南）です。自衛隊や極東米軍の通信傍取、日本政府機関、防衛・先端技術企業へのサイバー・スパイ工作も統括しているとされています。

（注）敵に知らせてしまう恐れ：このことを専門用語で「鏡の間」と呼ぶ。手の内を相手にさらすことになるので、安易に捕まえられない面もある。

（注）党中央軍事委員会：中央軍事委員会は国と党の両方にあるが、党の方が格上。ただし、メンバーは同じ。主席は習近平国家主席。この委員会の主席こそが、中国を支配する本物の権力者。なお、中国の軍は正しくは「人民解放軍」で中国共産党の軍隊。

また、中国では軍以外にも政府系のサイバー機関があり、対外情報機関「国家安全部」と、国内治安機関「公安部」が、運用しています。この他に政府・軍と連携する民間の「サイバー民兵(注)」がいるわけです。産業スパイに特化した「ブラックテック(ブラックティックとも)」が有名で、日本と台湾の製造業、宇宙関連事業を標的としています。

日本の守りは大丈夫なのか!?

このようなサイバー攻撃に対して日本の「守り」はどうなっているのでしょうか。残念ながら、とても万全とは言えない状況です。

2020(令和2)年9月、自衛隊内にも「電子戦部隊」新設が決まり、全国3カ所に設置されます。場所は朝霞(あさか)駐屯地、東千歳(ひがしちとせ)駐屯地、健軍(けんぐん)駐屯地です。人員は現行400人(中国は3万人、北朝鮮は約7000人、ロシアは約1000人)で、令和5年度末までに1000人とする計画でした。警察でも2022(令和4)年4月に新たなサイバー対策の部署を新設する予定ですが、サイバー関係において日本はマンパワー不足です。どうか、我こそはという気概のある人は、日本と同胞のために勉強して、ぜひとも、国のために働いてください!!

前述したように、中国のハッキングによって、2020(令和2)年1月~2月にかけてだけでも三菱電機、神戸製鋼所、日本電気(NEC)、航空測量会社のパスコが攻撃されました。いずれも防衛省と取引のある企業です。目的は軍事技術・原子力が中心で、戦闘機、艦船ミサイル防衛、宇宙などに関連する技術でした。

このような状況下、政府は２０１８（平成30）年に「サイバーセキュリティ基本法（２０１４年制定）」に基づき、「サイバーセキュリティ戦略」を制定しました。その中で「国民・社会を守るための取組」の具体策として、「脅威に対する事前の防御（積極的サイバー防御）策の構築」、「サイバー犯罪への対策」が唱えられています。積極的サイバー防御というのは、欧米での「アクティブ・ディフェンス」のことで、積極的に攻撃先の行動を分析して対応するということです。こちらから攻撃するということではありません。サイバー攻撃に対する抑止力の向上のため、「実効的な抑止のための対応」と「信頼醸成措置（しんらいじょうせいそち）(注)の重要性」が謳（うた）われています。

サイバー攻撃に対しては２０１２（平成24）年に防衛省・自衛隊の対処指針が出て、武力攻撃の一環として行われた場合、自衛権発動の第一要件をみたすとされました。サイバーセキュリティについては、政府機関・独立行政法人の「政府機関・情報セキュリティ横断監視・即応調整チーム（ＧＳＯＣ）」があり、攻撃があったときは各省庁内の「コンピュータセキュリティイン

(注) **サイバー民兵**：１０００万人とも言われていて、民間といえども軍がコントロールしている。企業も参加させられるのが中国流。

(注) **信頼醸成措置**：偶発的な軍事衝突防止、国家間の信頼醸成を目的に、軍事情報の公開・一定の軍事行動の規制・軍事交流の促進をすること。

シデント対応チーム（ＣＳＩＲＴ）」が対処します。ただし、サイバーセキュリティを担う省庁が、総務省（情報通信技術）、経済産業省（重要インフラ）、警察庁（サイバー犯罪、サイバーテロ対応）と分かれているのが難点です。諸外国では一括で担当する省庁があります。

以上、述べてきましたが、関係者の間では現今の日本のサイバーセキュリティでは中国のサイバー攻撃には対応できないとされていて、早急な改善と能力の向上を図らなければなりません。中国がその気になれば電力という社会インフラも使えなくなってしまうことを知っておいてください。中国が実行しないのは日米同盟によるものであり、日米間の離反工作を今後も続けていくことは明らかです。

機器によるスパイ工作

そして、機器によるスパイ工作になりますが、ここ数年で非常に知れ渡ったのは、中国の「華為技術（ファーウェイ）[注]」の製品でしょう。アメリカでは２０２０（令和２）年7月14日、国防授権法８８９条に基づき、ファーウェイ、中興通迅（ＺＴＥ）、海能達通信（ハイテラ）、杭州海康威視数字技術（ハイクビジョン）、浙江大華技術（ダーファ・テクノロジー）の5社と取引している企業を政府の調達先から排除することを発表しました。ファーウェイとＺＴＥは通信機器大手、ハイテラも大手無線器メーカー、ハイクビジョンとダーファ・テクノロジーは監視カメラメーカーで廉価なので日米でも大量に使われています。

２０１８（平成30）年にオーストラリア、２０２０（令和２）年７月にイギリスがファーウェイ排除を決めています。日本もアメリカに追随して政府機関からの排除を決め、民間企業にも使用しないように勧告しました。

他にも２０２０（令和２）年１月には格安Ｗｉ－Ｆｉルーターで日本でも成長中のテンダ製品のパスワードがインターネットで公開される事件が起きました。これは、ハッカーがそのパスワードを使うと遠隔でルーターにアクセスでき、情報詐取が簡単にできてしまうということです。盗聴チップを組み込まなくても、プログラムのソースコードを持つメーカーが、その気になれば盗聴機能を持たせることができます。サイバーセキュリティ上では最大級のリスクとされています。

２０１５（平成27）年７月には、「公益財団法人核物質管理センター」が購入した台湾製ハードディスクファイル共有ソフトウェアが検出されました。これは、ハードディスクの内容を自動的に転送してしまうソフトウェアなのです。台湾製であるものの、製造は中国なので、「バックドア（注）」が仕込まれるのは避けられません。

（注）ファーウェイ：アメリカの共和党の上院議員テッド・クルーズ氏は、「ファーウェイは通信企業の皮をかぶった中国共産党のスパイ機関だ。そのネットワークは世界を覆い、その顧客はイラン、シリア、北朝鮮、キューバなどのごろつき国家だ」と批判している（『3年後に世界が中国を破滅させる』ビジネス社）。

２０１９（令和元）年12月にはチェコ共和国の国家サイバー情報セキュリティ庁（ＮＣＩＳＡ）が、ファーウェイとＺＴＥの脅威を指摘しています。脅威とは、「中国国家情報法」の存在です。２０１７（平成29）年６月に施行され、国民の義務として第７条では「国民と組織は、法に基づいて国の情報活動に協力し、国の情報活動の機密を守らなければならず、国は、そのような国民及び組織を保護する」と規定されています。要は、いつでも国の情報活動に協力せよというわけです。改めて考えてみると中国とは凄(すさ)まじい国と驚かざるを得ません。

２０２０（令和２）年のコロナ禍により、在宅勤務、テレワーク化が進んでいるとのことですが、少なくない人がＺｏｏｍを利用しています。私のレビューの読者にも利用者がいましたが、これについても問題が再三にわたって指弾されていました。Ｚｏｏｍは中国人のエリック・ヤン（袁征）が創業し、中国に三つの関係企業があって、そこで開発しています。このアプリの暗号鍵が北京のデータセンター経由で、仮に中国政府が開示を要求すれば拒否できません。台湾の行政院、アメリカの上院、ニューヨークの公立学校、グーグル、ドイツ外務省、インド政府、オーストラリアの軍と議会では使用禁止になっています。

この他に、これも大人気のTikTokの脅威があります。中国のバイトダンスが運営しているアプリですが、利用のために電話番号かメールアドレスと生年月日を入力しなければなりません。アカウントを作ると、ソーシャルメディアアカウント、携帯電話の連絡先リスト、ＧＰＳデータへのアクセス許可が求められ、これらの個人データが中国に利用される懸念があるのです。2020（令和2）年7月6日にはポンペオ国務長官が「ダウンロードによって中国政府に個人情報が渡るおそれがある」と語っていました。

アメリカは、「ゴールデンスパイ」についても発表しています。これは中国に進出した外国企業に特定の税務ソフトをインストールすることを求め、気付かない間にスパイウェアをインストールすることです。中国共産党は税務ソフトについて、パイドゥと、アイシノの2社のものに限ると指定しています。この2社の製品から「ゴールデンスパイ」が見つかっているのです。そうして技術情報から営業・財務内容まで盗んでいます。アイシノは、宇宙・軍事企業の「中国航天科工集団公司（CASIC）」グループの一つです。

さらに危険とされているのは、中国のサイバー兵器「グレート・キャノン」です。遠隔でコンピュータを操ることができ、相手のコンピュータをダウンさせられます。その端緒は中国製アプリの利用です。「グレート・キャノン」が作動するのに用いられているサイトが「パイドゥ（百度）」が運営する検索サイトでした。日本には中国製の機器やアプリがあふれています。

政府では「政府情報システムのためのセキュリティ評価制度（ISMAP（イスマップ））」を設けて、この

（注）バックドア：ターゲットのコンピュータに外部から不正にアクセスできるようにする機能。中国から輸出された機器に組み込まれているのは今や常識となった。

リストの中から選択することで、安心・安全が担保されるとしています。このイスマップは中国のクラウドサービス排除のためとも報じられていました（『日本経済新聞』2018年8月20日付）。

残念ながら、アメリカやイギリスなどに比べ、日本の危機感は低く、中国製品があふれているとの報告が一般的です。皆さんも利用には十分に注意してください。

日本のスパイ取り締まり組織の現状を見る

日本は諸外国のスパイにとっては天国と呼ばれています。なんたってスパイ行為そのものを処罰する法律がないのです。この点は後述するとして、日本でのスパイ取り締まりの任は警視庁公安部の「外事課」が主になります。対日有害活動の監視・防止が任務で、約300人の組織です。このマンパワーで日本の外事警察の司令塔の役割を担っています。2021（令和3）年4月より、組織の改編があり、従来の3課体制から4課体制[注]になりました。

中国は2017（平成29）年6月にすべての組織・団体と個人に対して、諜報活動への協力を義務とした「中国国家情報法」を施行しましたが、関係者の話では中国のスパイ活動は広がりを見せるようになったとのことです。2020（令和2）年10月には、積水化学工業の元社員が営業秘密にあたるスマートフォンの技術情報を中国企業に流したというので、不正競争防止法違反で「書類送検（身柄は逮捕されず）」されています。

警視庁公安部外事課のスパイハンターは、これまで２０１５（平成27）年にロシア大使館員の武官が自衛隊の元陸将から内部資料を受け取った件、２０２０（令和２）年5月にロシア外交官にソフトバンクの機密を漏洩（ろうえい）した事件を摘発してきました。尾行や視察拠点を設けた24時間の監視、盗聴、潜入捜査など、非合法すれすれの手法で捜査にあたっています。

外事課には優れた人材が集まるとされています。捜査方法の習得は全寮制という環境で学び、外務省に出向して在外公館勤務の経歴を持つ課員もいました。その際にアメリカのＣＩＡ（中央情報局）やドイツのＢＮＤ（ドイツ連邦情報局）の課員と個人的パイプを作ってくる人もいるそうです。中国に対しては経済安保分野でも監視強化する方針で民間人も対象にします。中国の勢力は、怒羅権（ドラゴン）(注)といった中国系の半グレ集団やチャイニーズ・マフィアが日本の反社会的勢力と組んで地下経済での勢力拡大を進めているとのことでした。

これまで述べてきましたが、数々のスパイ工作によって中国が世界から得た技術情報をざっと

(注)　４課体制：外事1課がロシア。同4課がイスラム過激派などの国際テロ、中東地域。同2課が中国・北朝鮮だったが、改編で2課が中国、３課が北朝鮮となる。改編の理由は、スパイ活動を活発化させる中国と、不安要因の多い北朝鮮に個別に対応するため（『テーミス』２０２1年2月号）。

(注)　怒羅権：この組織は日本で数少ない、私のいるＬB級刑務所に送られてくるワルども、暴力団員が口を揃えて「超過激」「クレージーな連中」「危な過ぎる」と語るほど凶悪。ＬB級とは「刑期10年以上の長期刑受刑者・ロングのＬ」と「犯罪傾向の進んでいる（悪質）、暴力団関係者、再犯者でロングの者、のどれかに該当する受刑者」を収容する刑務所。刑務所ヒエラルキーの頂点。全受刑者の1割にも満たない。

並べてみると、暗視カメラ、デジタル通信機と無線LAN用アンプ、海軍艦船用静寂推進技術、戦闘機パイロット訓練用ソフトウェアのソースコード、半導体技術、宇宙ロケット発射技術、モトローラから軍事関連技術、超低温燃料システム、早期警戒レーダー及びミサイル標的特定システム用大出力アンプ、赤外線カメラ、炭素繊維材、バイオ技術、レーザー照準器、米軍暗号、GPSシステム、フェーズドアレイ・レーダー、電子戦ミサイル誘導装置、精密ナビゲーション装置、衛星用、抗放射線マイクロチップ、などなど、枚挙に遑(いとま)がありません。

また、日本では、外国なら常識のスパイを取り締まる法律がなく(!)外国為替管理法(外為法)や、不正競争防止法などでお茶を濁している状況です。ちなみに、外国のスパイに関する法律の最高刑は死刑が一般的ですし、アメリカで軍事技術情報を盗んだ中国人スパイには懲役32年という刑も科されています。日本は1985(昭和60)年にスパイ防止法案が国会に出されたものの、野党の反対で流れてしまいました。この法律もない中、治安当局の職員の苦悩に加え、未来を見据えたときの日本の現状認識の甘さと不作為には深い憂慮の念が湧(わ)き上がります。

こうしたことを1人でも多くの人が知り、声を上げ、行動してほしいことも本書刊行の目的の一つでした。皆さんのお役に立てば幸いです。

第四章

対中国：尖閣（せんかく）諸島と領土問題

中国はなぜ度々、領海侵犯するのか？
中国が自国の領土と主張する理由は何か？

中国の海洋戦略と尖閣諸島問題

◉領海侵犯を既成事実化する中国

2018（平成30）年1月11日、中国の原子力潜水艦が沖縄県尖閣諸島周辺の接続水域(注)を航行したことが初めて確認されました。2017（平成29）年より日中関係が改善される兆しがあった中での出来事でした。発見した海上自衛隊護衛艦「おおなみ」「おおよど」が追いますが、12日には東シナ海の公海上で中国国旗を掲げて航行していました。その形状から「商級攻撃型原子力潜」と判明しましたが、それに対し中国側は「海上自衛隊の護衛艦が先に接続水域に入ったので追尾した」という事実とは異なる声明を出して正当化したのです。

防衛省関係者は、「水深を測りながら航行する訓練の典型的な動き」と見ていますが、これは日中関係の改善を目指しながらも、海洋進出の手は緩めないという習近平国家主席の意志の表れと見られています。

海上保安庁では尖閣諸島海域への中国船の侵入回数をグラフ化して公開しているのですが、2019（令和元）年5月、中国船が同海域で操業中の日本漁船を追い回すという事態も発生していました。その後、6月にも同じ事態が起き、中国は尖閣諸島海域を自国の領海とする既成事実化に拍車をかけています。

２０１８（平成30）年は「日中平和友好条約」締結から40周年にあたり、両国共に関係改善を期していましたが、それとは別に尖閣諸島問題は解決の道が見つかりません。

また、２０２０（令和２）年11月に中国の王毅(おうき)(注)外相が来日し、11月24日の茂木敏充(もてぎとしみつ)外相との共同記者会見において、「真相のわからない日本漁船が頻繁に釣魚島(ちょうぎょとう)（中国での尖閣諸島の呼称）周辺の敏感な領域に入っている。中国側としてはやむを得ず反応しなければならない」と事実と全く逆の発言をしましたが（王毅外相の真意は習近平国家主席に対してのアピールが主。今の中国の外交官・幹部の基本ルールになっている）、茂木外相はその場で反論しないどころか、会見終了後には、こともあろうに笑顔で「謝謝(シェシェ)（ありがとう）」と発言し、その様子が全世界に発信され、中国人民を狂喜させる大失態を演じています。

中国のインターネット上では、「日本の外務大臣が尖閣諸島は中国のものだと認めた」と喜んでいました。

これに対し、なんと共産党の志位和夫(しいかずお)委員長が「大国主義、覇権主義にものも言えない屈従外交でいいのか」「驚くべき傲岸不遜(ごうがんふそん)な暴言だ。絶対に許してはならない」と批判し、尖閣諸島問

（注）接続水域：引き潮時の海岸線から24カイリ（約44キロ）の範囲の沿岸国家が通関・財政・出入国管理・衛生の４つの面で管理するために利用する海域。違反した際は、沿岸国家は不審船を拿捕(だほ)、処罰できる権利を持つ。

（注）王毅：日本語ペラペラのゴルフ好き。本国の高官は、特に習近平国家主席の前ではゴルフはしないことになっている。ちなみに習近平国家主席の好きなスポーツはサッカー。

題は中国の覇権主義的行動が一番の問題と言及しています。当然、自民党からも茂木外相に対して多くの非難の声が沸きあがり、茂木外相は火消しに大童でした。

ということで、本節では中国の海洋戦略と合わせて尖閣諸島問題について検証してみました。

尖閣諸島にある莫大な資源

◉膨大な資源が領土問題に火をつけた

歴史を遡れば、尖閣諸島は沖縄県に属していて、1972（昭和47）年5月15日にアメリカから日本に沖縄が返還され日本領となりましたが、その時にすでに問題の芽を持っていました。

そのきっかけは、1968（昭和43）年に「国連アジア極東経済委員会」（ECAFE）が東シナ海の海底調査をした際の報告書にありました。報告書によれば、東シナ海の海底にはかなりの埋蔵量が見込める油田があるというのです。これにより、それまでは波風のなかった穏やかな海が、大荒れの危険な海と変わったのでした。

その埋蔵量は、日本の調査では1095億バレル(注)（1970年）、中国の調査では700億〜1600億バレル（1980年代）、アメリカのCIAの推計で約400億バレル（1977年）とされていますが、一般的には原油埋蔵量1000億バレル以上、天然ガス埋蔵量は200億立方メートル以上とされています。これは原油で世界2位の埋蔵量を持つイラク国内の油田、11

２５億バレルに並ぶ量です。

この莫大な埋蔵量が発見されたことで、中国と台湾の意識は変わり、両国とも、１９７１（昭和46）年に尖閣諸島の領有権を主張することになりました。

中国に限って言えば、もともとは石油の輸出国であり国内で不足していなかったのですが、１９９０（平成２）年前後からの高度経済成長に伴って輸入国に転換しており、尖閣諸島を手に入れて、あの周辺の海域を自国のものとしなければならない状態でした。これは石油だけではなく、真水や食糧（注）など多くの資源が必要となった中国は、その確保を重要な国家戦略として、途上国を中心に経済力を武器に進出しているのです。

沖縄県がアメリカの施政下だったとき、中国・台湾ともに尖閣諸島の領有権は主張していませんでしたが、沖縄県が日本へ返還された途端に、強硬に主張するようになったのです。

（注）バレル：バレルとは原油を入れる酒樽に由来する単位。約159リットル。

（注）真水や食糧：経済発展と共に中国では飲料水・工業用水などの水不足が深刻な問題となり、近年は日本の水源となる森林を買い漁っている。また、２０２１（令和３）年には習近平自ら、食物を大事にせよ、と声明を出し、食物を粗末に扱わないようにと注意を促した。従来、中国の宴席では食べきれないほどの料理を供するのが常識だったが、自粛が見られるようになった。中国では以前から小麦など、主要な食糧（主食となるような物を食糧、それ以外の物は食料）をアメリカからの輸入に頼ってきたが、トランプ前大統領との貿易戦争による最悪の事態をも想定したものと考えられる。水や食糧に限らず、原油輸入大国になった中国にとっては従前に比べて、輸送路である海洋シーレーンの重要性が格段に増している。

尖閣諸島の所有権の変遷

◉もともとは『無主の地』だった！　大清帝国を恐れていた日本が専有できた理由

尖閣諸島とはどのような島かを説明しましょう。

沖縄県には沖縄本島付近の島群が沖縄諸島であり、宮古島、石垣島、西表島などを、先島諸島と呼んでいます。尖閣諸島は先島諸島の北部にある小さな島々で、魚釣島、北小島、南小島、そして少し離れた久場島（黄尾嶼）、大正島（赤尾嶼）の5つの島と、魚釣島に近い飛瀬、沖の北岩、沖の南岩の3つの岩礁で構成されています。

もっとも大きい島は魚釣島で約3・81平方キロ、北小島が0・31平方キロ、南小島が0・4平方キロ、久場島が0・91平方キロ、大正島が0・06平方キロです。魚釣島の位置は北緯25度46分、東経123度30分。石垣島まで約170キロ、沖縄本島まで約410キロ、台湾までは約170キロ、中国大陸までは約330キロにあります。

1885（明治18）年以降、日本政府は再三にわたって現地調査をし、単に無人島であるだけではなく、清国（今の中国）の支配が及んでいる痕跡がないことを慎重に確認しました。というのも、当時の清はアジアで「眠れる獅子」と称されるほどの強国だったためです。

調査を重ねた結果、1895（明治28）年1月14日に現地に国標を建設するための閣議決定を

尖閣諸島の位置

中国大陸
180海里(330km)
魚釣島
225海里(410km)
90海里(170km)
沖縄本島
90海里(170km)
宮古島
80海里(150km)
石垣島
西表島
台湾
与那国島

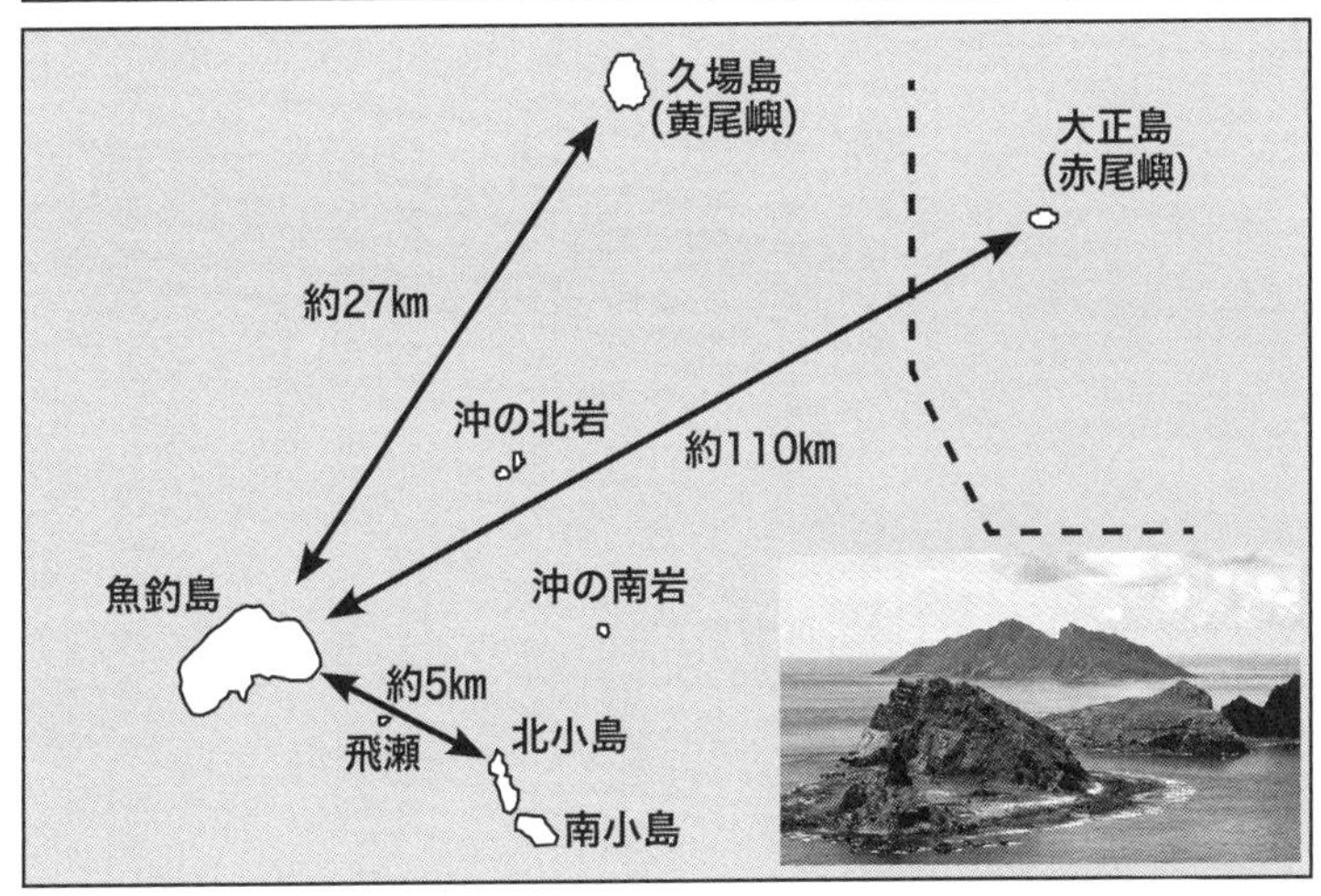

出典：外務省 HP

して、正式に日本の領土に編入しましたが、国標を建てたのは日本が日清戦争で清に勝ってからのことです。その理由は、日清戦争に勝つまでの日本は清国を恐れていたからであり、刺激しないために静観していたのでした。

この一連の政府の調査が行われたのは、１８８５（明治18）年に沖縄県の西村捨三県令（知事）が、国土を明確にするために尖閣諸島に国標を建てたいと申し出たからでした。その申し出の背景には、魚釣島に住んで事業をやろうとした古賀辰四郎氏の存在がありました。

古賀氏は貝や珊瑚、アホウドリの羽毛を採取していたのですが、１８８４（明治17）年に尖閣諸島での事業を独占する目的で、魚釣島、南小島、北小島、久場島の４島の「国有地借用願」を出したのです。１８９６（明治29）年にそれが認められて30年間の無料貸与とされましたが、古賀氏が亡くなった後(注)は、息子の善次氏が後継者となり、貸与期限後は有償で借りていました。

当時は魚釣島や南小島に鰹節工場を建てたり、海鳥の剝製を作るなどして最盛期で99世帯、２４８人が住んでいました。

その尖閣諸島は大東亜戦争での日本の敗戦により、アメリカが統治することになりました。アメリカは１９５５（昭和30）年から軍の射爆場として久場島を使い始めていますが、潜在所有権は古賀善次氏にあるので、年間１万１０００ドル（当時のレートで約３９６万円）を借地料として払っています。さらに１９５６（昭和31）年からは国有地だった大正島も射爆場として使うようになったのです。その後、１９７１（昭和46）年6月に調印された沖縄返還協定により、アメリカの統治が終わると、尖閣諸島も沖縄県と共に日本に返還され、再び古賀善次氏所有となったのです。１９７８（昭和53）年に古賀氏が死去すると妻の花子氏が継承し、１９８８（昭和63）年に花子氏が死去すると、遺言によって埼玉県の実業家である栗原国起氏に譲渡されたのでした。

中国側の領有権の主張と破綻

◉中国側の根拠なき主張とは？　歴史と中国自身が証明した日本領

一方、確定はできないとしながらも中国の歴史上で魚釣島が最初に登場するのは、明時代です。『順風相送』（注）で、その中に「釣魚嶼」（注）の記述が見られます。明確に出てくるのは明朝皇帝の琉球冊封使（注）の陳侃が書いた『使琉球録』（１５３４年）とされています。

他にも清朝の冊封使、汪楫が書いた『使琉球雑録』（１６８３年）、周煌の『琉球国志略』（１

（注）**古賀氏が亡くなった後**：島には古賀氏の墓もあり、現在、立ち入りが一切禁止されている中、墓参りを口実に日本人の上陸を促し、日本の領土という既成事実を強化せよ、という提案もある。

（注）**『順風相送』**：１４０３年の中国の古文書で、手書きの航路案内書。

（注）**釣魚嶼**：魚釣島は中国では「釣魚島」と呼ばれている。

（注）**冊封使**：冊封とは中国の皇帝が属国の王に対して即位を認める文書を与えることで、冊封使はそのために派遣された使節。

756年）にも釣魚島が登場しますが、はっきりと領土であるとしたものではありません。尖閣諸島問題に詳しい国際法学者の勝沼智一氏、尾崎重義氏によると、冊封使は尖閣諸島を航海の目印として見ているだけで、他の関心はなかったと指摘しています。

そういう点では、魚釣島はどの国も領有していない「無主地」であることに違いはありません。

この他にも、清朝時代に西太后が臣下に釣魚島を下賜したという文書があるとしていますが、明治時代に沖縄県や古賀氏が調査したときには人の存在は見られず、台湾からはこの文書が偽物と言われています。

中国側は、尖閣諸島を最初に発見したのは中国人であるとして、領有権を主張しているのですが、国際法では発見、命名、領有意思があるだけでは、領有したことにはなりません。

発見後に実効支配（注）がなければ、領土とはならないのです。

台湾で1965（昭和40）年10月に発行された『世界地図集第一冊東亜諸国』には「尖閣群島」と日本名で明記してあり、それが発覚すると急きょ回収するという出来事もありました。中国でも1958（昭和33）年11月発行の『世界地図集』で「尖閣群島」となっていたのが、1971（昭和46）年に「釣魚台列嶼」と改められています。

他にも古賀善次氏が1919（大正8）年に中国福建省の難破船を救助した際、中華民国の長崎領事から感謝状が贈られ、それには「日本帝国沖縄県八重山郡尖閣列島内和洋島において」と、明記されています。

このように日本領有を示す確かな証拠が多くあるように、明治政府が行った領有は適法であり不備はありません。

中国側は古い文献を有効とし、尖閣諸島は中国の領土であると主張していますが、中国や台湾に日本領と認めた資料や逸話もある上に、国際法の基準に則っても、この主張は破綻しています。

この他に１９５８（昭和33）年９月４日、中国は「中国領海宣言」を出して、自国の領海を明記していますが、尖閣諸島は含まれていません。

中国では１９９２（平成４）年の「領海法」制定以来、尖閣諸島を日本領とした地図の回収をするようになりましたが、２０００年代以降、この活動を活発化させています。国家安全部の指令の下、国中の地図を回収して隠滅するようにしたのです。さらには２０１５（平成27）年11月に「地図管理条例」を制定し、中国の規定に合致しない地図の出版・展示・掲載・販売・輸出入を禁じました。まさに現代の焚書です。

また、日清戦争において清が敗北したことにより、尖閣諸島は日本が奪ったと主張されることもありますが、日本が領有権の調査を始めたのは１８８５（明治18）年であり、日清戦争終戦の

（注）実効支配：国際法上、「無主地」を先に占有するにあたり重要なのは、閣議決定や国内的手続ではなく、実効支配によって国家の領有意思が証明されることとされている。

10年前です。そして領有を閣議決定したのは1895（明治28）年1月14日、日清戦争の講和条約である「下関条約」の締結が同年4月（発効は5月）ですから、清国から日本への領土の割譲には尖閣諸島は含まれていません。

これらの点につき、外務省はホームページで「1895年5月発効の下関条約第2条に基づき、わが国が清国より割譲を受けた台湾及び澎湖諸島には含まれていません」としています。合わせて中国が尖閣諸島を台湾の一部と考えていなかったことも述べていますので、一読してみてください。

アメリカの曖昧な戦略が領土問題となった

◉アングロサクソンのしたたかな戦略！　領土と施政権の差違とは？

これだけはっきりとした根拠がある尖閣諸島問題ですが、中国との争いとなったのには、返還時のアメリカの外交戦略にも原因があります。

このときのアメリカは、沖縄返還については「施政権」を返すとしたのです。領土の領有権は、1951（昭和26）年9月にサンフランシスコ講和条約を調印する前に、アメリカとの交渉で日本に「潜在主権」があるとされていました。つまり、アメリカが統治しても、本来の領有権と主権は日本にあり、アメリカは沖縄を統治する施政権を持っているだけで、それを一時、譲ってもらっていたという構造でした。

これは、戦争が始まった1941（昭和16）年の12月以前、アメリカのルーズベルト大統領とイギリスのチャーチル首相が「大西洋憲章(注)」を発表して、その中で領土を奪ったり拡張したりしないと宣言していたことと、当時の吉田茂首相とダレス国務長官との間で、永久に日本から沖縄を取り上げるわけではないという思惑が一致したからです。

国際法の上では潜在主権という用語はなく、あくまで便宜上のものでした。

しかし、「国連アジア極東経済委員会」の調査以後、急に中国と台湾が「尖閣諸島は自分たちの領土」だと主張し始めたため、日本はアメリカに尖閣諸島は間違いなく日本の領土であると公式に声明を出してほしいと要請したのです。

しかし、アメリカは領土の領有権、つまり主権については言及しませんでした。アメリカは日本が沖縄の潜在主権を持つとしながら、尖閣諸島の主権は当事者同士で解決すべきとしたのです。

なぜアメリカがこのような発言をしたかと言えば、中国・台湾と尖閣諸島問題が持ち上がったのは、アメリカがベトナム戦争で泥沼にはまっていたときであり、また日本と沖縄返還について協議が始まった時期と、ほぼ同じ頃でした。そして中国とソ連の関係悪化がピークに達した時期でもあったことが、深く影響したのでした。

（注）大西洋憲章：第2次世界大戦後の世界平和回復のための基本原則。

時のニクソン大統領と、キッシンジャー国家安全保障担当大統領補佐官は、中国とソ連の対立を煽り、共産主義陣営を分断し、アメリカと中国の接近によって中国市場の解放を促進する戦略を立てていたのです。そうして1971（昭和46）年7月、ニクソン大統領の電撃的訪中となり、アメリカと中国は国交を回復しました。このような背景があったため、尖閣諸島は日本の領土だとは言えなかったのです。

ただし、一部で言われている「日本と中国を争わせることで、仲裁者のアメリカの立場を強くしている」という説は違います。アメリカにとってアジア地域の安定は、安全保障上だけではなく、ビジネス上でも望ましいからです。

アメリカとしては領土問題に介入し、自国の国益を失うことは避けたいというだけのことでした。この原則は現在も生きていて、アメリカの大統領や政府高官は、「日米安保条約適用に尖閣諸島が含まれる」と明言することが日本への「お約束」になった感がありますが、日本に「領有権」（主権）があるとは言いません。

蔣介石の大後悔!?

◉尖閣諸島が蔣介石の領土になっていた大いなる密談！

歴史を遡れば、この尖閣諸島は、のちに台湾に逃れた国民党政府の蔣介石のものになっていたかもしれません。というのは、1943（昭和18）年11月22日から25日にかけて、エジプトのカイロで、アメリカのフランクリン・デラノ・ルーズベルト大統領、イギリスのチャーチル首相、中華民国の蔣介石の三者会談の際、蔣介石はルーズベルトとの2人だけの密談の中で琉球諸島（沖縄・尖閣列島を含む全域）を中華民国に進呈しようと思うが、どうかと何度も尋ねられ、蔣介石は二度も断っていたのです。これを示す文書はアメリカ公文書館にあります。

蔣介石はなぜ断ったのでしょうか？　それは毛沢東が率いる中国共産党との内戦に是が非でも勝ちたかったからです。そのため、日本との厄介事は起こしたくない、という思いがありました。しかしながら、密談後に断ったことを後悔して、部下に口外するなと命じています。この件は、2013（平成25）年5月8日の『人民日報』、同5月10日の『新華網（インターネットサイト）』でも掲載していました。密談後の12月1日に「カイロ宣言（注）」が出されています。

その他に蔣介石はルーズベルトよりもちかけられた「日本占領」も断り、皇室の廃絶については、日本人に任せるべきと回答していたのです。日本占領につき、ルーズベルトは中国がリーダーシップを取るべきとしたものの、蔣介石はその重責を担う気はありませんでした。そうでありながら、尖閣諸島海域に資源が眠っていると知った時には、領有すべきだったと悔いていたの

（注）カイロ宣言：終戦後、満洲、台湾、澎湖島などを中国に返還することを決めた（『完全解読「中国外交戦略」の狙い』ワック）。

が、本人の日記により明らかになっています。蔣介石、惜しかったですが、これも歴史の運命なのでしょう。

これは公然の秘密に近いのですが、アメリカ政府・議会では尖閣諸島につき、公的文書では島（islands）と書きますが、内部では岩（rocks）と呼んでいるぐらいで、日本人が期待するだけの重要性は感じていないのが本音です。

ただし、安倍元・首相とトランプ前・大統領両政権のときには、アメリカが本気で尖閣諸島を守るという意思を表明していました。例としては２０２０（令和２）年７月15日の記者会見にて、ポンペオ国務長官は、「中国に領有権の主張を侵害されている世界中のすべての国を支援する」と語っていますし、７月29日には在日米軍のシュナイダー司令官が、禁漁明けに大規模な中国漁船団が尖閣諸島海域に来るおそれがあるとし、「米国は尖閣諸島の状況について、日本政府を支援するコミットメントを１００％忠実に守る」「年３６５日、１日24時間、週７日いつでもだ」と、従来にはなかった踏み込んだコメントをしたのです。

司令官といえども軍人（ミリタリー）ですから、政府高官からなんらかの許可や誘導があってのことだと推察できます。しかし、残念ながら安倍・トランプ両首脳ともに退陣し、現在はバイデン大統領（注）になったので再び元に戻るとされています。

原則としてアメリカは領土・領海問題にはコミットしないのが国是です。日米安保条約適用の鍵は「日本に施政権」があるかどうかです。施政権とは、実効的に占拠しているか、日本の法律が及ぶかなどから判断されますが、居住している日本人もなく、国際的には万全とは言い難いものです。そうであっても、アメリカ大統領が交替して就任する度に、日本の首相との会談において、「尖閣諸島は日米安保条約第５条(注)の適用範囲」と明言することが、日米間のセレモニーとなっています。

本年（２０２１年）の1月に、バイデン大統領も電話会談で明確に適用を述べた以外にも、1月24日に、オースティン国防長官が岸信夫防衛相との電話会談でも同様に述べたことを日本のメディアは挙って報じていました。毎回、このような報道に接する度に、私たちの国、日本はとても自主独立国とは言えないのだ、と忸怩たる思いに包まれるのは私だけではないでしょう。憲法の縛りどうこう、憲法改正の是非以前に、日本人は自らの努力と責任で自国を守るという矜持もプライドも捨ててしまったのが無念です。自分と家族、大切な人の安全を他者に依存し、真摯に

(注) **バイデン大統領**：この人については「ジュージュー音はするが、ステーキは出てこない」という名句で知られているように、口先だけという定評が主流。日本としては期待することなく、防衛戦略を進めなければならない。

(注) **日米安保条約第5条**：日本に対する武力攻撃があった場合に、日米両国が共同で対処する規定。ちなみに6条は、日本国の安全に寄与し、並びに極東における国際の平和及び安全の維持に寄与するため、日本が施設・区域を提供し、米国が軍隊を日本に駐留させることができると定めている。

考えないというのは、亡国の道を歩んでいるのと同義と言えます。民族自決の誇りと名誉を取り戻すためにも、正しい歴史の理解が不可欠です。

国交回復後の尖閣諸島と日中関係

◉領土問題を論じない老獪な大人たち！　棚上げは、こんなに簡単に決まってしまった！

アメリカに中国との国交回復について先を越された日本ですが、行動力の塊である田中角栄首相(注)が電光石火の早わざで、翌年の１９７２（昭和47）年に中国を訪問して中国との国交回復を果たしました。

時の自民党は長老たちなど少なくない議員が「親台湾派(注)」だったため、中国との国交回復は大変な難事業(注)でした。なぜなら台湾と中国は不倶戴天の敵同士であったため、中国と国交回復するということは、台湾とは断交するということになるからです。

それを田中首相は盟友の大平正芳氏(注)を外務大臣にして、反対する党議員をものともせずに中国に乗り込み、毛沢東主席、周恩来首相と国交回復をしました。

この会談では尖閣諸島の領有問題をはっきりさせたいと迫った田中首相に対し、周首相は、「ここで議論するのはやめましょう」と返しています。仮に中国領であったならば、このような返答にはならないはずで、この言葉からも尖閣諸島は日本領ということがわかります。

しかし、このときの田中・大平両人と外務省の不作為の対応は、国家として、外交として稚拙なもので、結局、これが現在まで続く係争の淵源になってしまいました。

また、２０２０（令和２）年12月16日付の『産経新聞』１面には尖閣諸島を日本領とした19世紀後半のイギリス製とドイツ製の地図が確認されていました。地図は１８８７（明治20）年発行の『ロンドン・アトラス』（イギリス）と、１８７５（明治８）年版の『ハンド・アトラス』（ドイツ）です。両地図とも、日本が尖閣諸島を正式に日本領に編入した１８９５（明治28）年以前の地図であり、いずれも台湾との間に国境線が引かれていました。

時の中国は、ソ連との関係が悪化しており、何とかしてアメリカと日本との国交を樹立して安全保障を図りたいという事情があったので、難しい問題は避けていました。

（注）**田中角栄**：議員時代は33件の議員立法を成立させた。関わったものまで入れると93件という空前絶後の記録を持つ。エネルギー安全保障を推進しようとしてアメリカに睨まれ、ロッキード事件で失脚（後に最高裁で無罪判決）。

（注）**親台湾派**：親台湾派の大ボスは岸信介首相で安倍元・首相と岸信夫防衛相の祖父。岸防衛相は親台湾派。安倍元・首相は「交流協会」の名称を「日本台湾交流協会」と改称し、台湾の人に喜ばれている。

（注）**難事業**：田中角栄首相は政権発足時、内閣が最も力のあるときは発足直後であり、このときに中国との国交回復をやらなければできないとし、一気呵成に実施した。この言葉と行動を菅前・首相にも学んでほしかった。

（注）**大平正芳**：「鈍牛」というあだ名を持っていたが、政治家の中でも超一級の知識人。１９８０年の衆・参同時選挙の間に急死して自民党の大勝利をもたらした。親中国派で、中国に甘い日本の政治をつくってしまったという評価もある。

これ以降、尖閣諸島の領有について語った中国の政治家は、鄧小平氏でした。国交回復後、1978（昭和53）年10月に「日中平和友好条約」の批准のために来日した折りに、「この問題は棚上げしましょう。次の世代はわれわれよりもっと知恵があり、皆が受け入れられる解決方法を見出せるだろう」と語ったのでした。

しかし同じ年に、尖閣諸島周辺に大量の漁船が集結する事件がありましたが、中国側は偶然の事故だと弁明しています。このときの海上保安庁職員は、中国漁船に機関銃を装備していた船もあり、民間の漁船には見えなかったと報告していました。

1980（昭和55）年になって、政治結社の「日本青年社」が魚釣島に灯台を建て、航路標識法による正式な灯台として認可するよう海上保安庁に要請したのですが、海上保安庁は中国との紛争を恐れて認めませんでした。

この頃は、今よりはるかに安全保障に対する日本人の意識が低く、特に外務省ではチャイナ・スクール（注）が今より多く、親中というより媚中派が多数いたのです。

外務省の「対外応答要領」では、①議論の余地がないものであるから議論しない、②さらに問われた場合は、日本政府の基本見解である「歴史的にも国際法的にも日本固有の領土であり、領有権問題は存在しない」ということを繰り返す二段構えになっていました（『侮ってはならない中国』信山社新書）。

事態が動いたのは、「尖閣諸島は棚上げしましょう」と言っていた中国が、1992（平成4）年2月、突如として「領海法[注]」を制定し、釣魚島を自国の領土に入れたのです。

中国の外務省が領海法の草案をつくったときには、尖閣諸島を中国領としていませんでしたが、軍事委員会法制局、総参謀部、海軍司令部、広州軍区の圧力で領土に入れることになったのです。目的は立法化によって問題を明確化し、日本側との交渉において主導権を握るためでした。

これに対し、前出の「日本青年社」は1996（平成8）年6月に尖閣諸島の北小島に新しい灯台を建てました。

これ以降、台湾・中国では「釣魚島を守れ」とばかりに「保釣運動」が展開されるようになったのです。

2003（平成15）年12月には「世界華人保釣フォーラム」が開催され、「中国民間保釣聯合会」が結成されました。その後は、度々台湾の漁船や漁船を装った中国の官憲の船が、尖閣諸島周辺に侵入を繰り返すようになりました。

（注）鄧小平の発言：1978（昭和53）年10月25日の記者会見での発言。

（注）チャイナ・スクール：中国語を学び、中国に関連する部署に属する外務省官僚及び外交官。この系統の最高の栄誉は中国大使。よってイデオロギーは「親中反日」が圧倒的。常に日本より中国の国益と自分たちの外務省益を考え、日中間で問題が起こると、中国側を擁護する傾向が極端。安倍政権が終わり、再び台頭し始めている。

（注）領海法：中華人民共和国領海及び接続水域法。

尖閣諸島を領土としたい中国の思惑

◉資源・軍事の安全保障としての尖閣諸島！　中国海軍展開の要衝としての尖閣諸島

中国にとって尖閣諸島を領有するということは、前述した通り、海底油田という資源を手に入れる目的ですが、次に大きな意義を持つのは、東シナ海へのアクセス権です。その狙いは、アメリカに対する核戦略の強化です。というのは、中国の陸上にある核ミサイル基地は、ことごとくアメリカの偵察衛星によって捕捉されているため、それから逃れて戦力を強化するためにも、原子力潜水艦(注)に核ミサイルを搭載し、東シナ海の海底に潜航させておく必要があるからです。

中国海軍の戦略として「第一列島線(注)」と「第二列島線(注)」という概念があります。この概念は中国共産党中央軍事委員会主席を務めていた鄧小平の側近で副主席で海軍司令官の劉華清が1982（昭和57）年に策定した中国海軍展開に関するものでした。現在の中国海軍の戦略において、最重要なのは台湾の件であり、台湾の後ろ盾となっているアメリカの介入を阻止するには、この二つのラインに対して、優位な戦術展開をしなければならず、そのためにも尖閣諸島海域を手中にしておきたいのです。中国にとって日本列島並びに尖閣諸島は、太平洋に進出するための壁、チョークポイント(注)にもなっています。また、日本の防衛関係者によれば、尖閣諸島海域は台湾防衛上、重要な位置にあり、中国海軍がアメリカ海軍を太平洋上で迎撃しようとしたとき、確保しておかねばならないポイントになっているとのことでした。

２００８（平成20）年3月には中国海軍高官が太平洋をアメリカと二分するＧ２論(注)を語るようになりましたが、中国から太平洋に出るには尖閣諸島海域が重要なチョークポイントとなります。地図を逆にして眺めると、日本列島と、尖閣諸島が、中国の太平洋へのアクセスの壁になっていることがよくわかるでしょう。

それだけではなく、現在、建造中の1隻を含めた3隻の空母を、東シナ海でも運用することが、海軍の軍事力強化にもつながります。建造中の3隻目の新型空母が２０２１（令和3）年の年末までに進水する可能性のあることを、『人民日報』系の『環球時報』が報じたとのことです（『産経新聞』２０２１年1月19日付）。この新型空母の最大の特徴は従前の2隻の空母が船首部分を傾斜させたスキージャンプ式甲板で艦載機を離艦させるタイプと異なり、電磁式カタパルト（射出

（注）原子力潜水艦：海南島に潜水艦基地があり、射程８０００キロメートル以上（アメリカ本土に届く）の核ミサイル『巨浪2型』を搭載した原子力潜水艦が待機している。

（注）第一列島線：日本列島と島々を経て、台湾、フィリピン、ボルネオ島に至るライン。

（注）第二列島線：日本列島から伊豆諸島を経て、グアム、サイパン、パプアニューギニアに至るライン。台湾有事の際には重要なラインとなる。

（注）チョークポイント：海上戦略上海域の重要地点。

（注）Ｇ２論：太平洋軍（現在はインド・太平洋軍）のキーティング司令官が、上院軍事委員会の場で証言した。Ｇ２論の起源はキッシンジャーの構想。

中国の防衛ラインとされる第一列島線、第二列島線

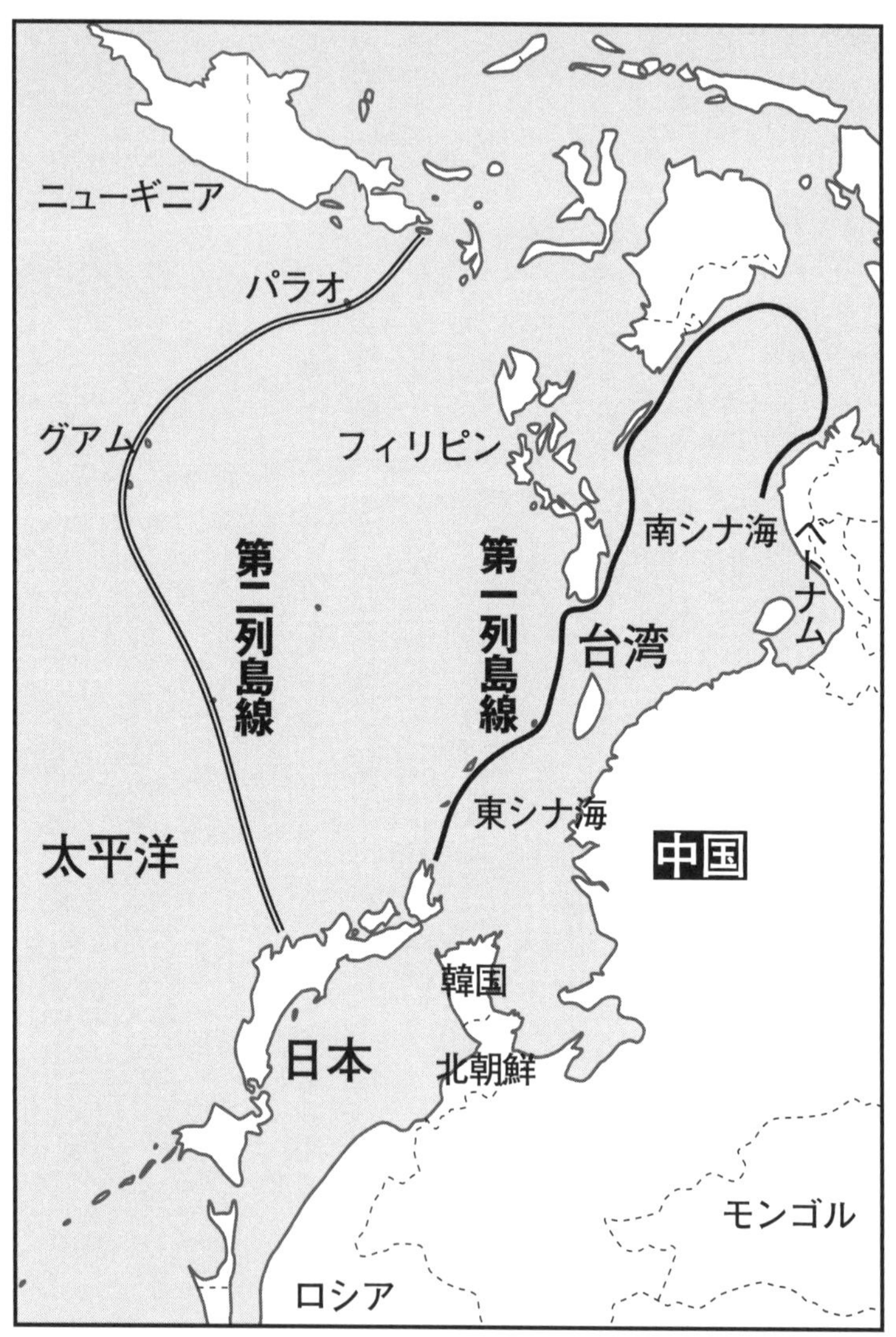

機）による離艦ができるタイプとなっています。以前には高度な技術だったので、中国では実用化が難しいとされていましたが、実用化に成功したようです。「遼寧」「山東」に次ぐ3隻目の艦名はまだありません。尖閣諸島を自国領にすることは、排他的経済水域（ＥＥＺ）(注)を手に入れるということで、海洋戦略の強化や、漁業をはじめ各種資源の掘削など、利点は計り知れません。

中国は習国家主席の代になってから「海洋強国」への道を急いでいます。キヤノングローバル戦略研究所の宮家邦彦研究主幹は「インド洋・西太平洋や中東に展開する米国艦隊に対抗できる軍事的な存在感を確立するため、質より量の方針で海軍を拡大させている」と言っていますが、中国の２０２０年度の国防予算(注)は、２０２０（令和２）年の『防衛白書』によれば約20兆２８８１億円で、日本の約4倍です。しかも、この表面に出ている予算は30％ほど低く発表されている

（注）**排他的経済水域（ＥＥＺ）**：沿岸国が水産資源や海底鉱物資源など排他的管轄権を行使できる水域のこと。沿岸から２００カイリ（約３７０キロ）沖合までを設定できる。排他的経済水域内では沿岸国が海底及び海中の天然資源を探査・開発、保存・管理する権利を持つ。また海洋汚染防止の義務を負う。

（注）**国防予算**：この国防予算と、ほぼ同額の予算を計上しているのが「公共安全費」という国内治安を守る部署の予算。公安警察・裁判所・検察の費用も含むが、大半は武装警察(注)（武警）のための予算。武警は２０１８（平成30）年より中央軍事委員会の指揮下に入った。同年、中国の海上保安庁にあたる「海警」も武警に吸収され、軍としての要素が深くなる。なお、中国では近年こそデジタルとＡＩを駆使した監視体制で激減したが、民衆のデモや暴動が年間１００万件ということも珍しくなかった。中国共産党は党を守るために多大な予算を使っている。

（注）**武装警察**：１９８２（昭和57）年に設立。大衆抗議活動、少数民族独立運動の警戒と取り締まりが任務。武警は中央軍事委員会の指揮下にある。

説以外にも実質の半分とも三分の一とも言われている超軍事大国になっています。

それ以外に大きな目的として、台湾統一のための布石として与那国島（よなぐにじま）が喉（のど）から手が出るくらいに欲しいのです。仮に中国が台湾に侵略するとなると、台湾の中央部に山脈が連なっています。大東亜戦争時に開戦の電信の暗号となった「ニイタカヤマノボレ」の「新高山」があり、いわゆる「盾」の働きをしているのです。

全土を制圧するには、中国大陸の反対側から回り込む必要があります。そのためには、台湾に最も近い与那国島を前線基地にするのが最適なのです。現実の台湾侵攻時には、中国軍（正しくは人民解放軍（注））が揚陸部隊を与那国島に上陸させることも考えられます。その台湾有事は、日米安保条約でも防衛に関与することが求められていることを知っておいてください。

２０２０（令和２）年10月19日、中国共産党第19期中央委員会第5回全体会議「五中全会」のコミュニケ「公報」には「習近平強軍思想を貫徹し、２０２７年の建軍百年の奮闘目標を実現させる」と謳（うた）われていますが、奮闘目標とは台湾統一を指しています。アメリカのバイデン大統領も台湾に関しては、度々コミットメントを重ねていました。

海洋戦略に関しては、19世紀末にアルフレッド・セイヤー・マハン（注）提督が、国家に富をもたらすものは海洋支配だという「シーパワー論」を提唱しましたが、中国はその戦略を実行しているわけです。

中国の暴挙に日本が屈した日

◉弱腰政府の大失態！　国と国民を守れない政権の悲劇！

尖閣諸島問題が大きく動いたのは２０１０（平成22）年に入ってからでした。この年、中国は尖閣諸島海域で大胆な行動に出ました。８月に入り、東シナ海に最大２７０隻の大漁船団が集まり、70隻ほどが日本の領海に入って不法操業をしたのです。

そして同年９月７日、１隻の密漁漁船が海上保安庁の巡視船２隻に体当たりする事件が起きました。海上保安庁の職員が彼らを現行犯逮捕したのですが、中国の猛反発に怯んだ民主党（今の国民民主党・希望の党・立憲民主党）政府は、なんと「処分保留」で帰国させてしまったのでした。

他国の領海に不法侵入し、海上保安庁の船に体当たりした犯罪者を処分もせずに帰したというのは、主権を持つ独立国としては考えられない行為でした。

（注）人民解放軍：人民解放軍の「解放」とは台湾解放のこと。なお、海軍は２０１０（平成22）年より中国海軍と称している。人民解放軍は１９２７年８月１日に江西省南昌で起きた武装蜂起（南昌蜂起）を創立日としている。当時の呼称は「中国工農紅軍」。ソ連の「労農赤軍」の真似。紅軍は労働者・農民の軍であり、資本階級と戦って倒すのだという意味（『中国人民解放軍２０５０年の野望』（ワニブックスＰＬＵＳ新書）。

（注）アルフレッド・セイヤー・マハン：『海上権力史論』は世界の海軍関係者に注目され、日本でも金子堅太郎が翻訳して軍関係者や政治家に広く読まれた。

しかも、帰国時には、チャーターした飛行機のビジネスクラスに乗せ、飲み物までサービスした映像が、香港フェニックステレビを通じて全世界に放映されました。

本来、犯罪者として裁かれるはずの彼らは機内で談笑し、帰国後は英雄となったのです。

この件につき、民主党政府は、那覇検察庁が独自に判断したことと発表しましたが、それが嘘であることがすぐに発覚しました。これは仙谷由人官房長官が、柳田法相に指示し、検察庁に釈放せよと働きかけたのでした。その仙谷官房長官が指示した背景には、時の菅首相の意向があったと、10年後に前原誠司元・外相が明らかにしています（『産経新聞』2020年9月10日付）。これはれっきとした政府による司法権の侵害であり、責任も民主主義もないがしろにした政治と言うべきです。

この事件に関しては海上保安庁が状況を撮影した映像を公開しないことを決定しましたが、2カ月後、政府に不信と憤りを感じた海上保安庁職員、一色正春氏が「Ｓｅｎｇｏｋｕ38」の名でＹｏｕＴｕｂｅに映像を公開し、国民は事の全貌を知ることとなりました。

この一件以降、尖閣諸島領域への不法侵入は急増し、常態化するようになりましたが、現場の海上保安庁の職員の士気も落ちたのは当然でしょう。

この一件以後、石原慎太郎東京都知事が２０１２（平成24）年4月17日に、訪問先のワシントンＤ．Ｃ．で尖閣諸島は東京が守りますと言って、購入の意向を述べました。民主党政権では守りきれないと考えたからでした。都民の税金を投入することに批判もあり、募金で資金を集めることになりましたが、4カ月間で約15億円が集まりました。政府の無策に対して憤りを覚えていた国民が資金を出して、日本の威信と名誉の回復を東京都に託したのです。

これに驚いた政府は、急きょ国有化を宣言し、結果的には2012（平成24）年9月に20億5000万円で買うことを発表し、尖閣諸島は国有化されました。

中国では日本人を襲う激しい反日デモが起こったのですが、これは民主党政府が選挙を意識して、管理計画も決めずに国有化を急いだ結果でした。

ただし、では自民党がそれまでに適正な措置を講じることなく、不作為によって傍観していた経緯も軽視できません。

この他にも2020（令和2）年5月に、尖閣諸島海域で操業していた日本漁船「瑞宝丸」（金城和司船長、9・7トン、3人乗組）を中国海警局(注)の2隻の船が追いかけ回しています。このときの映像は、外務省幹部の「警備体制の手の内を見せることになる」という言葉で公開されませんでしたが、同年6月21日に、日本の海上保安庁と中国海警局の船上バトルの映像はYouTubeで公開されています。

（注）中国海警局：2013（平成25）年3月の第12期全国人民代表大会（全人代）第1回会議で、国家海洋局を改組し、中国海警局を新設。それまで分散していた中国海監総隊、中国漁政、公安辺防海警総隊、海関総署緝私局（密輸取締警察）が統合された。2018（平成30）年3月、武警部隊隷下となり、中国共産党・中央軍事委員会傘下となる。これで軍隊と同じ扱いとなった。武警は中国人民武装警察部隊のこと。

事件につき、中国の趙立堅副報道局長は、「中国の領海で違法操業をしていた日本漁船を発見し追尾」とコメントしましたが、どんな神経をしているのか疑わざるを得ません。

「瑞宝丸」を追いかけ回したのは中国海警局の巡視船「２５０１」（５０００トン）と「１４６０３」（１０００トン）で、「２５０１」には軍艦と同じ76ミリの大口径砲（日本の海上保安庁の巡視船は20ミリ）が装備されていました。この事件が報じられると金城船長のもとには全国のメディアから取材が殺到しましたが、地元の『沖縄タイムス』と『琉球新報』からは連絡も報道もなかったとのことでした。

このことからも、このメディアの性質が伝わってくるでしょう。事件後の5月15日、石垣市は全会一致で抗議決議を可決し、政府と沖縄県に提出しました。5月31日に玉城知事は中国公船が「パトロールしている」ので故意に刺激しないようにと語り、6月17日にその発言を謝罪して撤回しています。この人、一体どこの国の知事なのか、見識を疑ってしまいます。これが、沖縄の左派の思考様式なのでしょうか。地元メディアにも同じことを感じました。

日本政府は相変わらず、中国政府に対して「遺憾である」との「遺憾砲」(注)を撃っているだけで、現実的な効果はありません。こうして既成事実を積むと同時に、政府・メディア・官僚・国民に「免疫」をつけていく戦略なのです。これがまっとうな国防意識と体制のある国ならば、とっくに武力攻撃をしています。皆さんにお願いしたいのは、決して「メディアの報道」に慣れることなく、領土・領海侵犯は重大な主権侵害なのだと認識することです。国際社会で日本とはどのような国かとみられるほかに、なによりも日本人のアイデンティティ・名誉の問題でもあります。

振り返ると、この民主党政権は、極端な媚中外交とアメリカ軽視により、日本の安全保障、日米関係を大きく毀損し、国際的信用まで地に落とした劣悪な政権でした。

既成事実をつくるために増えていく中国の「侵入」と「接近」

◉相手国の国益におもねる外務省の体質！　中国の常套手段「サラミ・スライス方式」とは？

尖閣諸島の領有をめぐる問題は、そのまま排他的経済水域(注)（ＥＥＺ）の領有と利用をめぐる問題です。これには当然海底も含まれますが、海底のどこまでが自国領かという点で、日本と中国は意見の相違があります。

歴史を遡れば、大陸から張り出した大陸棚は、すべてが大陸国家のものになるとされていました。大陸があったがゆえに、そこから流れ出た土砂で大陸棚が作られたからという根拠からです。

１９８２（昭和57）年に採択された「国連海洋法条約」では、２００カイリを超えても大陸棚が続くという条件（大陸棚自然延長説）を満たせば、その先最大３５０カイリ（約６５０キロ）ま

（注）遺憾：心残り、残念というだけの意味。しかし、外交用語では非難度が高い。

（注）排他的経済水域：この海域の面積も入れると、日本は世界６位となる。

でを排他的経済水域の範囲内として権利を認める「大陸棚条約」を援用できることにしています。また「国連海洋法条約」では近隣国で排他的経済水域が重なる場合は、当事国同士で話し合って解決するように決めていますが、しかし「国連海洋法条約」と、「大陸棚条約」という二つの異なる見解が、紛争のもとになっていました。これがまさに日中間での争いの種でした。

東シナ海の膨大な石油埋蔵量を独占したい中国は、全域を手に入れるべく、大陸棚条約を採用して、大陸棚は全面が大陸国家（中国）の排他的経済水域であるという「専管経済区域及び大陸棚に関する法律」を1998（平成10）年に発効させました。対する日本は、1996（平成8）年に「排他的経済水域及び大陸棚に関する法律」を制定し、沖合い200カイリまでを排他的経済水域として、外国と重なり合う場合は中間線を引き、大陸棚の排他的経済水域についても中間線方式としたのです。結果として中国はこれを認めず、中間線から中国側海域は中国単独で、日本側海域は日中の共同開発にと主張しています。

日本国内では、初めから中間線を決めたことが誤りであり、これを定めた外務省に非難が集まりましたが、ここにも弱腰かつ自国より相手国の国益におもねる外務省の体質が表れていると言えます。

このように両国間での協議がまとまらない中、中国は着々と「調査」を名目にして資源を採取し、既成事実を積み上げています。

２０２０（令和2年）７月には日本が大陸棚延長を申請している国内最南端の沖ノ鳥島(おきのとりしま)（東京都小笠原村）周辺で中国の複数の調査船が海洋調査を活発化させているのが判明しました。尖閣諸島海域での海洋調査と合わせて、これらはすべて無許可調査であり、日本政府は中止を要求していますが、無視されています（『産経新聞』２０２０年12月28日付）。

これまで海上保安庁は日本の排他的経済水域内での中国船による調査を確認していますが、『読売新聞』の調査では２００７（平成19）年８月から２００８年１月までに、中国の研究者が国内外の学術誌に発表した論文は30本になることを報じています。

これらの論文では、中国船が日本の同意を得ずに調査していた他に、泥やレアアースや生物を採取していたと述べられていました。そして調査船には中国科学院の最新調査船「科学号」が使われたことや、熱水鉱床の堆積物(たいせきぶつ)採取についても確認されています。

オーストラリアの国立海洋資源安全保障センターのサム・ベイトマン専門研究官は「同意なしに収集されたデータの公開は不適切」と批判していました。

このように中国は自国の海域であるという既成事実を作るために、中国船を尖閣諸島海域に侵入させていますが、中国船の大型化も進み、挑発行為も起きるようになりました。

２０１２（平成24）年４月の国有化以降、日本の海域への侵入は年平均30件を超え、接続水域（領海の外側12カイリ＝約22キロ）内の航行は常態化しています。漁船だけではなく、中国海軍の艦船の接続水域内航行や、軍用機の接近も増えています。

中国は尖閣諸島海域に対して、毎月3回、4隻で2時間の航行をする3・4・2方式を展開してきたほかに、中国の海軍によるさまざまな挑発を重ねてきました。2013（平成25）年1月30日には、中国軍艦が海上自衛隊の護衛艦にレーダー照射をしていますが、国際的な軍事上のルールでは、これが日本でなければ中国軍艦は砲撃を受けていても仕方のない危険行為です。

さらに2014（平成26）年5月24日には、東シナ海の公海上空で海上自衛隊のP3C哨戒機と航空自衛隊のYS-11EBが、それぞれ2機の中国軍戦闘機から50～30メートルという異常接近を受けました。これも他国であれば撃墜に及んでも中国は文句が言えない挑発行為です。

このように少しずつ、中国の主権を主張していく手法は「サラミ・スライス方式[注]」と言われていますが、これは中国の常套手段です。

こうして繰り返し、相手国の政府・メディア・国民が、「また、いつものことか」と油断するようにし、併せて国際宣伝も併行しつつ、中国の領海であると「洗脳」していった挙句、急襲して奪取するのが中国の常套手段なのです。

日本ができる尖閣諸島問題の解決とは

◉今こそ、独立国家としての姿勢を！　9回裏、ツーアウトから攻勢せよ！

　このような状況を助長してきたのは、憲法第9条の存在と、自国のことしか見ようとしない平和的民主主義の弊害であるほかに、中国に媚びる与野党の政治家や外務省の官僚、そして金儲けのためなら自国を顧みない経済人たちによる「自尊自立精神」の欠如によるものでした。媚中政治家による外交は、日本の国益について主張せず、中国の政治家から「説教」されてくるだけであり、経済人は中国の機嫌を損ねないように日本政府に注文をつけてきた結果なのです。

　2009（平成21）年9月に誕生した民主党政権では、同年12月に小沢一郎(注)幹事長が大使節団を率いて訪中し、会議の際、胡錦濤国家主席に「私は人民解放軍の野戦司令官です」と阿っています。この発言には日本国民だけではなく、アメリカの政官財界も驚きました。これと似たようなことを、自民党の二階幹事長もしていますが、親善を越えての媚中には失望します。

　日本の政治家は、総じて中国の政治家に弱い傾向を否めませんが、いつしか中国の政治家を偉人化してしまったのでしょうか。ただ、政治家として中国は権力闘争が命や人生を懸けたものだ

(注) **サラミ・スライス方式**：サラミを少しずつスライスしていくことから。サラミ・スライス方式（戦術）の命名者はインドの戦略家のブラマ・チェラニー氏。

(注) **小沢一郎**：田中角栄の秘蔵っ子で、かつては「剛腕」と呼ばれ、実務能力に秀でた人物だった。1993（平成5）年に竹下派内の権力闘争に敗れて脱党してから、自民党へのルサンチマン、恨み、憎悪だけで政界を振り回し、混乱させてきたことは残念。イデオロギーも反自民党と選挙対策のために、保守から左翼に急転回し、質の悪い政治家と化した。次々と側近が離れていくのも本人の人徳のなさ。しかしながら、二階氏と共に最後の寝業のできる政治家でもある。今はひたすら「とにかく反自民」の怨念で生きているのは政界のゾンビか。

けに、老獪で骨太であることは否定できません。

元外務次官の村田良三氏は「外交の目的は友好ではない」と言い「主張すべきことは主張し、相手と調整した上で友好となるのである」と語っていましたが至言です。

１９６０（昭和35）年に日米安保条約が改定されてから、日本の左派は日本がアメリカの戦争に巻き込まれることばかりを主張してきましたが、現実の歴史はアメリカに守ってもらったことを証明しています。しかし、最近のアメリカは日本の戦争に自国が巻き込まれることを不安視するようになりました。

そのため、日頃から日本も安全保障のために自助努力をしている、アメリカのためにも貢献している（しようとしている）という姿勢がなければ、アメリカ国民の支持は受けられず、アメリカ議会も軍を派遣しづらいのは確かです。

アメリカの一部の政治家の間では、日本のちっぽけな島のために、なぜ、アメリカの若者の血が流れなければならないのだ、という声もあります。

そのようなこともあり、安倍政権は海上保安庁の充実にも力を入れ始めました。本来ならば海上自衛隊が出動すればいいと考える人もいるでしょうが、これは中国の海軍出動を誘うようなものです。

海上自衛隊が出れば、日本が先に海軍を出して挑発したという理由をつけて、中国の海軍を出動させることは目に見えています。海軍以外にも中国は、海軍同様となった「海警」の巡視船を2019（令和元）年には145隻とし、超大型の1万トン級巡視船も投入しています。

そのような事情もあり、安倍政権は海上保安庁の拡充のために、ヘリコプター搭載型の船を建造するほかに、1000トン級以上の大型巡視船を7隻から19隻に、海上保安庁最大の6500トン級巡視船を新造して5隻体制とし、2021（令和3）年度には大型巡視船を69隻とする計画を立案して実行していたのです。

他にも2018（平成30）年度予算も前年比で9％も増やし、過去最高の2303億円とし、海洋監視用のジェット機1機を導入します。海上保安庁の定員も、毎年100人規模で増やすなど、日本のシーレーン、領海の安全保障に力を注いでいる状況です。

また安倍政権では、これまで海上保安庁の長官を、国土交通省のキャリア官僚の指定席(注)としてきたのをやめて、初めて海上保安庁生え抜きの人物を長官にしました。これにより、海上保安官の士気は一気に高まりました。

こうしたことは、表面上は小さいことに見えますが、強固な官僚の既得権益を打破し、現場職員のやる気と使命感を向上させるためにも大事なことでした。

（注）国土交通省のキャリア官僚の指定席：トップの長官、ナンバーツーの次長、ナンバースリーの総務部長は、これまで道路行政をやってきたような素人が任命されていた。

この他にも政府は２０１４（平成26）年８月に無名だった１５８島に名を付け、２０１５年６月には所有者のいない離島を国有とし、２０１７年３月には所有者のいない２７３島を国有化しています。

さらに２０２０（令和２）年６月22日には、これまで小字（こあざ）をただの地番で示していた尖閣諸島に「字名（あざめい）」がつきました（10月１日より施行）。これは石垣市議会の発議により、可決されたものです。魚釣島は石垣市「登野城（とのしろ）２３９２」、北小島は「同２３９１」、南小島は「同２３９０」です。最初の提案が２０１６（平成28）年３月でしたから、４年がかりとなりました。

この一連の流れに対して中国総領事館の職員を名乗る女性が執拗（しつよう）に抗議活動をしたほか、例によって趙立堅副報道局長は、「中国の領土主権に対する重大な事案」とコメントしています。

このように国の安全保障と国民の安全を最優先とする安倍政権になってから改善されてきましたが、万全とは言えません。

２０２１（令和３）年２月１日に中国は「海警法」という新しい法律を施行しました。この法律では、主権侵害時には武器使用を認め、攻撃されれば公船搭載の武器使用も可能、「管轄海域」では法に反した他国の軍艦や非商業船を排除、船舶の臨検、「海上臨時警戒区」設置による航行訓練も可能、管轄海域や島で外国が作った建築物は強制撤去可能、人工島も保護対象としています。

２０２０（令和２）年に中国海警局が日本漁船に接近するトラブルは８件になり、日本の海上保安庁も今後の活動において、警戒感を募らせています。この法律のポイントは管轄海域の範囲ですが、領海・接続水域・排他的経済水域に加え、「中国が管轄するその他海域」を含むという曖昧な定義です。一般的な国際法とは合致しませんが、中国のことゆえ、強引に適用する可能性もあります。また、建築物の撤去ということでは、日本の実効支配を阻止する意図が見えます。

仮に中国が尖閣諸島を奪いにくるとしたら、いきなり海軍を出動させるのではなく、民間の漁民を装った民兵が、尖閣諸島のどれかの島に上陸することから始めると言われています。その場合、海上保安庁が出動して対処しますが、中国側は武装や戦闘訓練を身につけているので、十分な取締まりができない可能性は高いでしょう。かと言って、すぐに海上自衛隊に「海上警備行動」を発令すれば、待ってましたとばかりに中国は海軍を「自衛のために」出してきます。

海上保安庁と、海上自衛隊のどちらが対処すればよいのか。このグレーゾーンに対し、日本は左派メディアや左派の人たちの抵抗もあり、法整備ができていないのが現実です。与党内にいる公明党が、常に本来の法律の効果を弱くする修正を出す点も否定できません。

法の不備があることや、法の効果を弱めることは、現場で実際に対処する人たちの危険性を高めるだけです。

この他にも、この7月11日、中国の民間軍事研究団体（六軍韜略）が動画上で、「もし、日本が台湾問題で軍事介入すれば、必ず日本への核攻撃をする」と発表しています。これにつき、中国共産党の了解（暗黙であっても）がなければできないので、現実性は低くありません。中国が日頃から唱える「核の先制不使用」につき、日本は例外とも語られていましたが、日本の備えは十分ではなく、このことは次章で詳述しましょう。

第五章

日中の防衛力を検証する

自衛隊は日本を守れるか？
日本はどう動くべきか？

中国海軍VS.海上自衛隊

◉台頭著しい中国の軍備が日本を圧倒するのか⁉　海上自衛隊は防衛できるのか

ここ数年、日中の軍事力について、とっくに中国が日本の自衛隊を凌駕してしまったという声と、いやいや、まだ自衛隊の優位が保持されているという声が錯綜するようになりました。これが5年、10年前ですと、日本の自衛隊の方がまだ格上であるという主張が大半だったことを鑑みれば隔世の感というより安倍政権では大きく加速されたことは認めるものの、日本の防衛力増強の遅れ、貴重な時間の空費を嘆息せざるを得ません。

私はどの分野にせよ、自分の認識・知見なんかより、本当のこと、真実が知りたい性質なので、軍事に関する書も数多渉猟してみましたが、信頼の置ける複数の書を土台に検討してみました。

近時、興味深かった書の一つとして『中国海軍VS.海上自衛隊』（ビジネス社）があります。この書はアメリカのシンクタンク「戦略予算評価センター[注]（ＣＳＢＡ）」上席研究員で中国海洋戦略研究専門家の第一人者のトシ・ヨシハラ氏が、近年の中国海軍軍人たちの海上自衛隊分析の論文も研究し、日中の戦力比較について叙述したものです。

今回は紙数が限られているので詳述できませんが、日中間の軍事バランスは中国優位となり、日本のシーパワーの競争力は「回復不可能な程度」にまで落ち込みつつある。中国海軍が現在の破竹（はちく）の勢いを維持すれば、海上自衛隊は10年以内に中国海軍に永久に置き去りにされるだろうと推測していました。その結果として、アジアの国々の日米同盟への信頼性に疑念を抱かせる可能性のあることも指摘しています。中国政府は将来的に日本政府との海軍力の競争の激化を予想しているとし、中国側は日本の現実主義の衝動、不安感、悪意、複合的な文化的特質により、中国海軍の台頭を重大な脅威と受け止めていると分析していました。次に中国海軍の優位が中国の政治家や司令官に攻勢的な戦略（積極策）を採用させるとも述べています（好戦的・挑発的になるということ）。

これは軍事学の常識です。彼我の戦力比較をした際、自己が優位となれば積極的・好戦的な対応になるのは人間も国家も変わりません。軍事力増強には、相手に攻撃を躊躇（ためら）わせる意図・性質があるのです。そのためにも各国は軍拡に投資しますが、戦争をするためではなく、相手に戦争を決断させないための保険料という要素を含んでいます。

ざっくりと双方の海軍力を比較すると、海上自衛隊の艦船数は約80隻強、中国海軍は３３０隻以上、総トン数では海上自衛隊がややリードしているものの、その差は10％もなく、近年の中国海軍の艦船の大型化が顕著でした。中国海軍は２０３０年には４３２隻、潜水艦は今の66隻から

（注）戦略予算評価センター：国防と投資オプションに関する革新的思考と議論を促進するために設立された独立した無党派の機関。

99隻体制になりますが、海上自衛隊は増えはするものの、中国海軍に比べればわずかです。

次に現代の艦船が持つ戦闘力の一つであるミサイルの垂直発射システム（VLS）は、1990年代には中国はなきに等しかったのに、2017（平成29）年に中国海軍が海上自衛隊を抜いて75％も多く保有しています。

それ以上に差がつけられたのは、双方のミサイルの射程距離です。中国海軍は最新の艦艇は、対艦長距離巡航ミサイル（ASCM）で武装していますが、YJ－18超音速ASCMの射程距離は約537キロメートル、対する海上自衛隊の40年前の亜音速対艦ミサイル・ハープーンと30年前の同90式SSM－1Rは、それぞれ130キロメートルと150キロメートルの射程距離しかなく、これでは勝負になりません（それ以前に古過ぎる！）。なんたって、相手からのミサイルは届くのに、こちらは届かないのですから当然です。

人員の充足率にも、少子高齢化により海上自衛隊は4万5360人と充足率は93・8％でしかありません。そのため、艦船が大型化するのに合わせて慢性的な人員不足に悩まされています。対策として自衛官の給与・待遇を改善している他に、少ない乗員で運用できる新型多機能護衛艦「FFM」の導入を決定しました。「FFM」はわずか90人(注)で運用でき、基準排水量も3900トンと、最新イージス艦「まや」（8200トン）の半分以下です。

さらに護衛艦としては初めての「クルー制(注)」を導入することになりました。これは従来の艦船と乗員の一体運用（乗員の休養中は、艦船も整備などで勤務なし）ではなく、第1クルー、第2クルーといった「クルー制」を導入し、人は休むが艦船は次のクルーと勤務するということです。結果として稼働率の向上につながります。海上自衛隊は2020（令和2）年11月19日に進水した「くまの」以降、1年に2隻のペースで「FFM」を建造し、将来的には22隻、全体の護衛艦を48隻（2020年4月時点）から54隻にする計画です（『産経新聞』2020年11月24日付）。ちなみに令和2年版の『防衛白書』によれば中国海軍の戦力は小型フリゲートを含め109隻と海上自衛隊を圧倒しています。

日本にも空母が登場した!?

◉海上自衛隊の空母は中国海軍の空母に勝てるのか!?

護衛艦の話が出たので、近年、俄（にわ）かに脚光を浴びるようになった空母について述べてみます。

（注）**わずか90人**：通常のイージス艦は約300人。汎用護衛艦は約200人。海上自衛隊では、「軍隊ではない！」という建前から巡洋艦、駆逐艦、空母とは呼ばずに護衛艦と称している。イージス艦はミサイル迎撃艦。

（注）**クルー制**：大東亜戦争時、既に米軍は導入。2～3週間おきに将兵は故国に帰ってリフレッシュして、戦場に復帰。スプルーアンス大将率いる第5艦隊、第58機動部隊が休みに入ると、その艦戦・飛行機をそっくりそのまま、ハルゼー大将が使って第3艦隊、第38機動部隊となった。日本はずっと出っ放しで、ここからして大きなハンディを負っていた。ハルゼー大将は「ジャップを殺せ！」が口癖の猛将で、元はニミッツの上司。ニミッツは27人抜きで太平洋軍（海軍）司令長官になった。スプルーアンス大将は冷静な知将・勇将。

空母・航空母艦ということですが、歴史上、艦船から航空機を飛ばしたのはイギリスが嚆矢（こうし）で１９００年代初頭でした。その後、日本とアメリカの順に同様のことをし、実際に正式な空母を建造して運用したのも前記の３カ国だったのです。大東亜戦争時には主として日米の空母のみが活躍することになり、運用術や造船技術も進歩しましたが、敗戦後、日本は空母を持てなくなり、ソ連、フランス、イタリア、イギリスなどが保有するようになりました。

日本の海上自衛隊では憲法第9条の縛り以外に、左派勢力のプロパガンダによる、「わずかでも軍事に関係あることについては、即座に軍国主義復活、戦争反対、９条を守れと叫べ」という教義（ドクトリン）によって、空母どころか艦船をフリゲート艦と呼ぶことも避けなければなりませんでした。そこで編み出された軍事用語(注)が「護衛艦」でした。そのため、護衛艦にもいろいろと種類があります。

空母「いずも」にはＦ－35Ｂライトニングを搭載しますが、これはステルス機能（レーダー網にかからない）最新の第5世代機(注)で、航空自衛隊のＦ－35Ａと異なり、垂直離着陸が可能です。自衛隊ではＦ－35を１４７機獲得予定ですが、アメリカはこの戦闘機を一部の同盟国にしか売りません。中でも日本は唯一の大量保有国となります。ただし、最強の戦闘機はやはりアメリカのＦ－22ラプターであり、コンピュータでＦ－35とシミュレーションしたところ、１００戦１００勝という超絶的に優秀な戦闘機で、門外不出になっています。海上自衛隊の空母は尖閣諸島防衛を主目的に謳っていますが、島に滑走路がない海域での活躍が期待されているわけです。

現在、軍事においては総合力では世界5位(注)とされている自衛隊ですが、海上自衛隊の操艦スキル、哨戒能力、潜水艦能力などはアメリカ以上か互角の分野も少なくありません。第9条により、自分たちが十分に働けるかどうかもわからない中での、各自衛官たちの精進ぶり、自己責任の貫徹、努力には日本人として本当に頭が下がるばかりです。こうした自衛官たちのためにも、憲法を改正し、自衛隊を日陰から出してやらなければなりません。

しかしながら、海上自衛隊をはじめ、自衛隊は米軍の補完部隊として存在していた期間が長く、戦力投射能力（プロジェクター能力、攻撃展開能力）がないのです。ことあるごとに左派は「戦争をする気か」と叫びますが、その能力がなく、あくまで「最低限の防衛能力」でしかありません。

（注）軍事用語：階級を一佐、二佐、三佐、戦車を特車、歩兵を普通科、作戦を運用と言い換えている。英語では国際的な軍事用語を使用。

（注）第5世代機：第4世代機は1980年から運用開始のF－14、F－15、F－16が代表的。中国では西側の第4、第5世代に対応するのが第3、第4世代となる。中国ではF－35と同等の性能があるとしてJ－15戦闘機を挙げているが問題外。J－15は欠陥の多い戦闘機で「遼寧」の搭載機としても不適格。中国海軍も頭を抱えている。F－35Bはステルス性能、探知範囲、搭載兵器、推進力など、J－15よりはるかに上。中国海軍にはJ－20という最新鋭ステルス戦闘機があるが（アメリカの技術を盗みまくってコピー）、その性能には疑問が多い。中国では高性能のエンジンが作れないことが最大の障害となっている。

（注）世界5位：1位アメリカ、2位ロシア、3位中国、4位サウジアラビア。現実的には3位となる。

中国海軍軍人たちの日本観及び海上自衛隊の印象

◉中国海軍軍人たちの日本観及び海上自衛隊についての評価は？

前記『中国海軍VS.海上自衛隊』では中国海軍軍人たちについて興味深い記述がありました。以下はすべて、彼らの論文からの引用です。

「中国の台頭は、日本が強く中国が弱かった長年にわたる非対称な権力構造を変えた。東アジアに初めて2つの大国が共存した」「日本人は、中国との紛争では力を見せなければならず、日本は引き下がってはならないと考えている。なぜなら日本人は台頭する中国に対する弱気なサインは、中国の勢力拡大を促すだけと考えているからである」「日本は、西太平洋と南太平洋のすべての海洋国家の中での地域的な政治的、経済的リーダーシップの地位を求めている。これが価値観に基づいた外交を促進し、自由と繁栄の弧を形成してきた地政学的根拠である。日本は中国本土の周縁に沿って海洋大国の弧を描きたいと考えている。この目標は、日本の海洋戦略の中核である」（いずれも『中国海軍VS.海上自衛隊』）

どうですか、中国海軍軍人の日本観は、私たち日本人が自国、自民族に懐いているものとは大きく異なり、その認識や知識が基本になっています。私が思うには、もう大方の日本人には、そんな野心も気概もない、逆にこんな気概を持つ人が増えてくれたら、安全保障に対する意識も変わり得るのにと希望するくらいです。

最後にもう1人の論稿を見てください。「日本は島国であり、好戦的な国でもある。日本の歴史は、政権交代、派閥抗争、宗教紛争等、血なまぐさい戦争で満ちている。日本が自ら育てた『武士道精神』は強大な拡張主義者の野望を植え付け、中国に対する貪欲な目を向けさせ、海洋進出と海洋支配の努力を惜しまなかった」（『中国海軍VS.海上自衛隊』）

こうした日本に対する観念が中国の驚異的な軍拡を推進した一因にもなっているのでしょう。両国の歴史を顧みれば、どちらの国が抗争、戦乱、紛争に明け暮れ、血なまぐさいかは考量するまでもありません。そうであっても、中国人の主観を土台、エンジンとして習近平の「中国の夢(注)」「華夷秩序復活」の流れが加速(注)し、その枢要な装置、ツールとしての軍備拡張が進んでいる現実に私たちは目を背けることはできないのです。

現実の島嶼防衛は、どのように進んでいるのか

◉われわれの自国の領土と尊厳の守りを見る！

昨今、中国の各軍及び中国海軍が急速に整備を進めてきた装備に各種ミサイルがあります。こ

（注）中国の夢：２０１０（平成22）年1月に、中国国防大学の劉明福大佐の『中国の夢』という刊行物の語。
（注）習近平の加速：習近平は加速師（ジャスツス）の仇名をつけられた。

の分野においては、アメリカとロシア間に長くＩＮＦ（中距離核戦力）全廃条約(注)があったので、中国が研究開発を進め、保有数と種類では世界一となりました。中国は２０１５（平成27）年から翌年にかけて習近平国家主席が大胆な軍制改革を行い、従来にはなかった「ロケット軍(注)」を新設しています。

さまざまなメディアでは媒体・軍事評論家を介して、中国のミサイルの脅威をしきりに強調することが増えています。グアムの空軍のアンダーセン基地を使用不能にできる、米海軍の誇る空母を一発で沈められる、などと喧伝されてきました。２０２０（令和２）年10月には、航行させている廃棄商船を対艦弾道ミサイルで命中させることに成功したと伝えられ、軍事評論家や一部のメディアでは、アメリカの空母は死んだ、役に立たないとも論じられるようになっています。

しかし、軍事マニア（?!）というか、何でも本当のことが知りたい私としては、それが事実かどうか調べたい「本能」の他に、これまで蓄積してきた軍事知識では、俄かに信じられず、検証してみました。

結論は、中国のプロパガンダであり、米海軍の空母を容易に沈めることはできないとなります。これには、私が信頼する人(注)、とくに元陸上自衛隊東部方面総監で、何冊も軍事関係の著書を刊行している渡部悦和氏(注)と、同じく陸上自衛隊を経て「軍学者」を名乗り、数多くの著書を刊行してきた兵頭二十八氏(注)の主張を基に判断しました。

(注)ＩＮＦ全廃条約：1989（平成元）年からの米ロ間の条約。2019（令和元）年8月20日に失効。中距離（射程500キロメートルから5500キロメートル）のミサイル保有の禁止。

(注)ロケット軍：前身は1966（昭和41）年創設の第2砲兵部隊。「ロケット軍」は陸・海・空軍と同格。兵力10万人以上、推定で核弾頭は288発（地上配備220発、海洋配備48発、航空機搭載20発）。大陸間弾道ミサイル（ＩＣＢＭ）、潜水艦発射弾道ミサイル（ＳＬＢＭ）、中距離弾道ミサイル（ＩＲＢＭ）、準中距離弾道ミサイル（ＭＲＢＭ）、短距離弾道ミサイル（ＳＲＢＭ）を保有。ＩＣＢＭの主力は「ＤＦ－5（東風[注]5）」で最大射程は1万2000キロメートルから1万3000キロメートル。2018（平成30）年には「グアムキラー」と呼ばれ、米軍基地を攻撃できる射程3000キロメートルから5000キロメートルの「ＤＦ－26（東風26）」「対艦弾道ミサイル空母キラー」と称される「ＤＦ－21Ｄ（東風21）」を実戦配備。さらに新型ＩＣＢＭの「ＤＦ－41（東風41）」を開発中。射程8000キロメートルの潜水艦発射弾道ミサイル「ＪＬ－2（巨浪2）」は晋級戦略ミサイル原子力潜水艦（ＳＳＢＭ）にて運用。

(注)東風：毛沢東が「東風（アジア）は西風（西洋）を圧倒する」とスピーチしたことから、地対地（艦）ミサイルは「東風」と命名されている。

(注)信頼する人：海上自衛隊元・護衛艦隊司令官の香田洋二氏は世界の軍高官から注視されている権威。前・統合幕僚長の河野克俊氏の上司だった人。他には、元自衛艦隊司令官・海将の山崎眞氏もいる。

(注)渡部悦和氏：私のレビューでも何冊か紹介しているが今回は『自衛隊は中国人民解放軍に敗北する!?』（扶桑社ＢＯＯＫＳ新書）を参照。技術と論理が精緻な人で、情報の精度・密度が高い人。同書は前出の『中国海軍VS.海上自衛隊』をより深く解析した優れた書。読者の皆さんにはぜひ『中国海軍VS.海上自衛隊』と『自衛隊は中国人民解放軍に敗北する!?』の併読を薦める。

(注)兵頭二十八氏：こちらもレビューで紹介しているが、今回は『北京が太平洋の覇権を握れない理由』『日本人が知らない軍事学の常識』（共に草思社）を参照。前記の『中国海軍VS.海上自衛隊』『自衛隊は中国人民解放軍に敗北する!?』と共に『北京が太平洋の覇権を握れない理由』『日本人が知らない軍事学の常識』の併読を薦める。同氏は、かなりマニアックな情報を伝えるのが得意な人。

渡部氏は、中国のミサイルを脅威と見るアメリカの国防総省の真意は、予算獲得のためと見ていますが同感です。これと類似の見解を出しているのが、アメリカの戦略研究家で『日本4.0』『中国（チャイナ）4.0』（ともに文春新書）の著書があるエドワード・ルトワック氏でした。同氏はアメリカの海軍大学においての、対中国海軍とのシミュレーションで、アメリカ海軍が18戦18敗という結果が出たことにつき、心配には及ばず、予算獲得のためにすぎないと喝破していましたが、同じ文脈です。

加えて兵頭氏は『北京が太平洋の覇権を握れない理由』において、空母はそれのみで航行しているのではなく、多くの艦と航空機とともにあるので中国の軍は先にレーダーで捕捉されて攻撃されること、偵察衛星、警戒能力も天と地の差があるので、懸念は無用と述べていましたが、同感です。ただし、マッハ5以上で飛翔（ひしょう）する「極超音速滑空弾道ミサイル」への対処は難しいとされています。現実に配備しているのはロシア（「アバンガルド」）だけですが、米中ともに時間の問題でしょう。

中国では常時、日本に向けたミサイルが2000発あるとされていますが、日本の備えは全く十分ではありません。海上でのイージス艦では最大十数発のミサイルに対応できますが、数十発以上も同時に発射する「飽和攻撃」には対処不可能です。地上で迎撃するSM－3ブロック2Aも飽和攻撃には同様でイージス・アショアが見直しとなった以上、改めて、「敵基地攻撃能力」

を検討しなければ、座して死を待つことになってしまいます。

中国のＩＣＢＭに対して、アメリカは２０２０（令和２）年11月16日、国防総省ミサイル防衛局による、迎撃実験に成功しました。

ＩＣＢＭは発射直後に加速するブースト段階、大気圏外を慣性飛行するミッドコース段階、大気圏内に再突入して落下するターミナル段階を経て目標を攻撃します。短時間で目標に達成すること、ターミナル段階ではマッハ９から21という速度に達するので、迎撃困難でしたが、アメリカは各段階に対応した迎撃システムを装備・運用しているのです。実験ではイージス駆逐艦「ジョン・フィン」が早期警戒衛星情報などとのデータリンクによって飛翔速度、通過予想コースを捕らえ、迎撃ミサイルＳＭ－３ブロック２Ａ（注）で命中させました。

ただし、日本は防衛予算が極めて少ないので（約５兆３２００億円のうち、純粋に装備拡充に使えるのは約５０００億円強。これを陸・海・空で争奪）、中国からの大量ミサイルを十分に防御することは不可能とされています。このほかに前述したように艦対艦ミサイルでは、中国海軍に大きく差をつけられているのが現状です。

（注）SM－3ブロック2A：地上配備迎撃ミサイルはＧＢＩと呼ばれてカリフォルニア州とアラスカ州に配備されているが、艦船からは初めて。「ジョン・フィン」は極東を守る第7艦隊（横須賀）に配備予定。ＳＭ－３ブロック２Ａはアメリカのレイセオンと三菱重工業の協力開発。２０１７（平成24）年より量産。中距離弾道ミサイルへの迎撃能力もある。

ミサイル(注)といっても、「巡航ミサイル」「弾道ミサイル」「極超音速滑空(グライド)兵器」の三つがあります。ミサイルに対する迎撃システムでは、1990年代以降、弾道ミサイル防衛（BMD）システムの開発・配備が進行中です。原理は早期警戒衛星の赤外線センサーや、地上配備のレーダーによって捕捉して撃破します。巡航ミサイルでは、低空を飛行するので探知できるかが課題です。現在、研究が進んでいるのは、多数のミサイルに対する防御のために、指向性エネルギー（レーザーやレールガン(注)）を用いて迎撃するシステムで、完成すればコストも低くできます。

中国は内陸部（ゴビ砂漠）に在日米軍の横田、横須賀、三沢、嘉手納の各基地を模した巨大施設を作り、東部より弾道ミサイルを発射して訓練しています。それらは衛星写真で確認でき、中距離ミサイルの主たる標的は日本とその周辺の海域、空域でした。また、弾道ミサイルの9割以上に核を搭載可能と分析されています（『新たなミサイル軍拡競争と日本の防衛』）。

日本政府は2020（令和2）年12月18日に、イージス・アショアの代替案として、「イージスシステム搭載艦の導入」と、国産の「スタンド・オフ・ミサイル開発」推進を閣議決定しました。これは「敵基地攻撃能力保持」の代わりです。スタンド・オフ・ミサイル導入の主目的は自衛官の安全確保と領土防衛で、まずは射程距離を延ばすことを目的としています。スタンド・オフ・ミサイルの基盤は、陸上自衛隊の「12(ひとにい)式地対艦誘導弾（SSM－1〈改〉）」は世界的にも優れた装備で「88式地対艦誘導弾（SSM－1）」の後継として三菱重工業が開発し、2012（平成24）年より配備されました。ＧＰＳを装備しているので、動く目標に対してコース修正ができ、命中精度が向上しています。

閣議決定を受け、今後5年程度で射程距離を延ばすこと（将来的には１０００キロメートル）を目標にしました。12式地対艦誘導弾は複雑な地形をクリアしながら、最短距離で飛ぶことが可能です。

加えて多数のミサイルが一つの目標に集中することなく、分散してロックオン（標的を捉える）することもできます。米軍もこの12式地対艦誘導弾には大きな関心を持っているほどです。

今後、国として改善すべきは、防衛に関する研究には協力しないというような、他国に例を見

（注）ミサイル：巡航ミサイルは、航空力学に基づいて大気圏内を飛翔するミサイルで、大気中の酸素を使用するジェットエンジンを動力とし、揚力を得るため、小型の翼付き。巡航ミサイルは大気圏内を飛ぶので、ほとんどが亜音速で飛行。弾道ミサイルは酸素を必要としないロケットエンジンを動力とし、宇宙空間などきわめて高い高度まで上昇し、地球の重力に引かれて放物線を描いて落下。中間誘導が難しく、精度が悪くなるが、中国は衛星誘導技術を用いて精度を高めているとされている。落下速度は最大でマッハ10から20で巡航ミサイルよりはるかに速く、弾道ミサイル防衛（ＢＭＤ）システムのように特化したシステムでなければ迎撃不可能。燃料は固体と液体があるが、アメリカ、ロシア、中国はほとんど固体燃料で即応性が高い。極超音速滑空（グライド）兵器は、マッハ5から10程度で飛翔。宇宙空間まで打ち上げ、かなりの時間、大気圏内で空力制御を行うことで精度の高い攻撃や移動目標の追尾を可能にできる。この他にラムジェットエンジンやスクラムジェットエンジンを用いた極超音速巡航ミサイルがある（『新たなミサイル軍拡競争と日本の防衛』並木書房）。

（注）レールガン：フレミングの左手の法則を利用して金属製の迎撃体を撃ち出すもの。

ない、奇妙な規制や観念を排し、軍民融合・デュアルユースという世界標準の常識を導入することです。

日本の対中国島嶼防衛の現実

◉具体的な島嶼防衛はどのようになっているのか

尖閣諸島を含む島嶼防衛につき、具体的に見ると九州の相浦(あいのうら)、沖縄本島、奄美大島、宮古島、与那国島(よなぐにじま)に部隊が配備(注)されています。

『防衛白書』(2020年版)では、自衛隊による積極的な共同訓練・演習や海外での寄港を通じてプレゼンスを高め、わが国の意思と能力を示すとともに自衛隊の部隊による活動を含む戦略的なコミュニケーションを外交と一体となって推進する、わが国周辺において広域にわたり、常時、継続的な情報収集・警戒監視・偵察(ISR(アイエスアール))活動を行うとともに、柔軟に選択される抑止措置などにより、事態の発生・深刻化を未然に防止する、領空侵犯や領海侵入といったわが国の主権を侵害する行為に対し、警察機関(海上保安庁を含む)とも連携しつつ、即時に適切な措置を講じる旨が述べられていました。

島嶼部を含むわが国への攻撃に対しては、海上優勢・航空優勢(注)を確保しつつ、侵攻部隊の接近・上陸を阻止する、万一、占拠された場合にはあらゆる措置を講じて奪回するとなっています。

たしかに『防衛白書』ではそのように謳われていますが、既に増強された中国海軍との自衛隊単独での攻防は容易ではなく、安倍政権以降は米軍との協力・共同訓練・共同演習が増えているのが現実です。

麻生幾氏の某月刊誌での論稿によれば、「キーン・エッジ」という机上での演習では、日本の苦戦の原因の一つとして政治の不作為、これは必要な航空優勢を取らなかったこと、自衛隊側はそれを要求したが、政府は認めなかったために、出されなくてもよいはずだった多くの犠牲者が出たことを指摘していました。

この他に実働演習として、「キーン・ソード」と呼ばれる日米共同演習があり、「キーン・エッジ」と交互に1年ごとに行われます。２０２０（令和２）年10月の演習では自衛隊側が３万７０００人、在日米軍側が９０００人参加したほか、艦船20隻、航空機１７０機が動員されました。

こうしたシミュレーションや演習において自衛隊が敗北を喫する第一の要因は政治の決断力不足

（注）部隊配備：相浦・陸上自衛隊水陸機動団（２０１８年３月）。奄美大島・陸上自衛隊奄美警備隊（２０１９年３月）。沖縄本島・航空自衛隊・南西航空方面隊（２０１７年７月）の下に航空自衛隊第９航空団（２０１６年１月）。航空自衛隊・南西航空警戒管制団（２０１７年７月）。第５高射群（１９７３年10月）。宮古島・宮古警備隊（２０１９年）・陸上自衛隊第７高射特科群（２０２０年）。陸上自衛隊第３０２地対艦ミサイル中隊（２０２０年）。与那国島・陸上自衛隊与那国沿岸監視隊（２０１６年３月）。石垣島にも配備予定。

（注）海上優勢・航空優勢：制海権・制空権という言葉は軍事用語にはなく、こちらが正しい語。

で、適正な時・規模・強度の攻撃[注]をできないこと、第二の要因はアメリカの不参加が挙げられていました。

領空に限れば、航空自衛隊によるスクランブル（緊急発進）は、２０１５（平成27）年８７３回（中国機５７１回）、２０１６（平成28）年１１６８回（同８５１回）、２０１７（平成29）年９０４回（同５００回）、２０１８（平成30）年９９９回（同６３８回）、２０１９（令和元）年は９４７回（同６７５回）となりました。

ただし、空の守りについては航空自衛隊[注]が中国を圧倒できます。両国の航空戦力は、航空自衛隊が航空機Ｆ－15が２０１機、支援戦闘機Ｆ－２が91機、Ｆ－35が17機（将来１４７機）、合計３０１機です。中国は合計１０２０機（旧式も含めると２０００機以上だが、航空自衛隊との戦闘にはとても使えない）で、数の上では約３・３倍となっています。しかし、稼働率を考慮すると、航空自衛隊80％、中国50％として（『中国海軍VS.海上自衛隊』による）、２４７機対２７６機となり、これにパイロットの練度（習熟度）、警戒監視レーダーサイト、早期警戒機、Ｅ－７６７早期警戒管制機（ＡＷＡＣＳ（エーワックス））など含めると、航空自衛隊が圧勝します。

他にも多くの優位性がありますが、紙数の事情で割愛します。

このような体制ではあるものの、仮に中国が一般人を装った海上民兵[注]での島占拠を企図した際には、どの時点で海上警備行動や治安出動を決断するのか、法律に切れ目があるのは否定できません。

現在、注目されているのは自衛隊が海上保安庁と同じように領海侵入に対処できる「領域警備法」ですが、慎重論もあって先行きは不透明です。他にも現在は「防衛省設置法第４条」の「調査・研究」名目で海上自衛隊護衛艦が中国海警局の背後にいる中国海軍軍艦に一定の距離を取って監視してきた行動が制限されるというので防衛省も法整備には消極的なのです。この点をどのようにクリアするか、政府の対応が待たれます（『産経新聞』２０２１年2月14日付）。

中国海警局と海上保安庁のハード面は前述した通りですが、これでも安倍政権時に増強を急いだ結果でした。

無人航空機（ドローン）については、２０２０（令和2）10月27日に、令和4（２０２２）年度

（注）**適正な時・規模・強度の攻撃**：日中戦争及び大東亜戦争での日本軍（陸海ともに）の典型的なミス。常に少ない部隊を順次投入（逐時投入）という、戦闘では絶対にやってはいけない戦術を反省もなく重ね、世界一精強な下士官と兵を大量に死なせてしまった。日本は今もこの敗戦から学んでいない。ダチョウのごとく、見たくないことに対し、危険に対し、顔だけ砂の中に埋めて、体はそのままでやり過ごしているが、これは亡国への道。

（注）**航空自衛隊**：航空自衛隊は空を支配することができる五つの空軍に選出されている。他は米空軍、米海軍、米海兵隊、ロシア空軍、中国空軍。

（注）**海上民兵**：国防を支える地方政府と省政府の間に存在する部隊の集合体。海上民兵政策は習近平国家主席が指導する中央軍事委員会によって規定されるが、管理は地方や省の指導部の下に置かれる。組織上は省レベルの軍区に属し、「人民軍海上民兵（ＰＡＦＭＭ）」と呼ばれて、中国の第三艦隊として活動している（第一は中国海軍、第二は沿岸警備隊）。中国政府は迷彩服を着れば兵士、脱げば漁民としている。

までに導入する方向が決まっています（『産経新聞』２０２０年10月28日付）。他にも、２０２１（令和３）年2月1日に、ＡＩ（人工知能）による人工衛星データの分析システムを新たに開発する方針が決まり、海上保安庁を中心に4年かけてシステム構築を目指すことになりました。新システムでは、ＡＩを活用して船舶の行動モデルを作り、周辺海域での不正行為の予測を容易にして早期発見・対処を目指すとのことでした（『産経新聞』２０２１年2月1日付）。

航空優勢ということでは、現在、３０００メートル級滑走路を要するＦ－15戦闘機が使えるのは、尖閣諸島近辺では那覇空港（注）しかありませんが、３０００メートル級滑走路を持つ宮古島市の下地島空港が使えるなら、さらに航空自衛隊に有利となります。

しかし、１９７１（昭和46）年8月に、当時の琉球政府（返還前）と日本の運輸大臣が交わした「屋良覚書」のため、自衛隊や米軍は軍事目的では使えないのです。沖縄本土以外で海上自衛隊の輸送艦が入港できるのは宮古島の平良港、石垣港だけで、この辺は早急に改善しなければなりません。

中国の軍拡の勢いは強く、日本が今以上の努力をしなければ、尖閣諸島、ひいては日本の領土と安全は守れません。そのために最大の重要事項は、自国の領土を守るという私たち日本人の意識と、安全保障や防衛についての正しい現状認識です。

併せて、日本も独自に尖閣諸島を守れるのだという自覚と能力を表すことで、日本の生命線でもある日米安全保障条約は真に信頼と実効性のある条約となり、そうなってこそ、中国の野望を思いとどまらせることにもつながります。

大局的視点での日本の取るべき道とは？

◉日本の活路は、いずこにあるのか⁉　国土と国民を守るためのグランドデザイン

以上、これまで、ミクロの目でハード面、ソフト面を見てきましたが、それらを加味して、総合的、大局的に日本の取るべき道について考究してみました。

まず、言えることは、日本は一国だけでは、よほどのこと（国民の理解と総意による軍備増強と法の改正整備、国民意識の啓蒙など）がない限り、防衛は至難の業です。

そこで、利害・価値観を等しくする国々との協力・同盟という道を選ぶしかありません。幸いなことに２０１４（平成26）年5月30日にシンガポールで開催された第13回アジア安全保障会議(注)「シャングリラ・ダイアローグ」において基調講演者となった安倍元・首相が提唱した「自由で

（注）那覇空港以外：他に使えそうな空港として馬毛島（約8平方キロ）に滑走路を造り、米空母艦載機の離着陸訓練（タッチ・アンド・ゴー）を行う計画もあるが、反対派の西之表市市長が、２０２１（令和３）年1月31日の選挙で当選している。ただし、許認可の権限は沖縄県知事にある。

（注）第13回アジア安全保障会議：日中韓や欧米、東南アジア諸国の有力な防衛・安全保障関係者が集まる国際会議。

開かれたインド太平洋（ＦＯＩＰ）」構想(注)が、今や大きな協調と同盟に広がりつつあります。

講演では安倍元・首相は、海上における法の支配というテーマで、「国家はなにごとかを主張する際、法に基づいてなすべし」「主張を通したいからといって、力や威圧を用いないこと」「紛争解決には平和的収拾を徹底すべし」という旨を語りました。国名こそ出さないものの、威圧的な行動を繰り返す中国への批判でした。この講演で安倍元・首相は大きな拍手で評価されていますが、ＦＯＩＰについては前年の２０１３（平成25）年にインドを訪問した際にモディ首相に働きかけた内容を土台としていました。

インドという国は独立以来、他国との同盟は結ばず、単独で安全保障を構築する国でしたが、安倍元・首相とモディ首相の親密な関係もあり、珍しく前向きでした。２０２０（令和２）年夏に、国境の山岳地帯で中国と衝突したのが動機になっているようです。

ただ、インドにはマンモハン・シン前・首相（２００４年〜２０１４年の首相）が唱えた「戦略的自律性」という外交・安全保障上のモットーと同盟や他国との協調では過去に一度、苦い思い(注)をしているので、中国との国境（紛争）問題を抱えている点から消極的という評価もあります。

ＦＯＩＰの趣旨は、インド洋と太平洋に重大な安全保障上の利害を持つ国が相互に協力・連携して、法の支配による自由、自由貿易、航行の自由、海上での権益を守るとともに、インド洋・太平洋の平和と安定を目指し、中国の無法な威圧に対して自国と他国の国防に寄与させようという構想でした。中核にあるのは中国包囲網です。

具現化された形としては、日米にオーストラリア、インドを加えた4カ国の首脳・外相会合の「クアッド（Quad）」があり、安倍元・首相の構想と音頭により構築されたのです。安倍元・首相はこの構想につき、第一次政権の２００６（平成18）年のときに「セキュリティ・ダイヤモンド」構想がありました（『天国と地獄に向かう世界』ビジネス社）。その後、一度途切れたのですが、第二次政権での地球儀を俯瞰する外交で各国の理解と同意を取り付けています。２０２０（令和2）年10月には東京で4カ国の首脳・外相会合、通称「クアッド」を開催しましたが、これ自体、

（注）「自由で開かれたインド太平洋（FOIP）」構想：公式には２０１６（平成28）年8月に提唱。２０１７（平成29）年に訪米した国家安全保障局（NSS）の谷内正太郎局長に、ハーバート・マクマスター国家安全保障問題大統領補佐官も、「アメリカも使わせてくれ」と述べたほどの構想（『産経新聞』２０２１年1月5日付）。

（注）苦い思い：１９６２（昭和37）年に中国と国境の件で紛争状態にあったとき、中国の敵であるソ連が接近してきて、武器の供与や軍事的助言を受けるなど、協力関係にあったが１９７９（昭和54）年にソ連がインドの域内国であるアフガン侵攻をしたときには止められず、両国の関係が解消された件。以来、ますます孤立主義に突っ走るが、２０１３（平成25）年の安倍元・首相のインド訪問により、大きく軟化した。日本のメディアは報じなかったが、インドで安倍元・首相は大東亜戦争時に、イギリスからインドが独立するため、日本の陸軍が奮闘したこと、インド兵・人民とともに戦った歴史を語り、拍手喝采を受けた。安倍元・首相を歓迎する民衆の列は外国の指導者の訪問としては異例の3万人となった。なお、インド独立のために、自国のように献身的に尽くしたのは陸軍の藤原岩市少佐が率いる「藤原機関」、通称「F機関」。詳細を知りたければ『F機関』（バジリコ）が好著でお薦め！

アメリカが日本をリスペクト（尊敬・敬意を表している）していると、前掲書の著者である高橋洋一・嘉悦大学教授は述べていました（『同書』）。

２０２０（令和２）年11月には、オーストラリアが13年ぶりに加わり、４カ国の海軍による合同軍事演習「マラバール」がインド洋で実施されています。13年ぶりというのは、オーストラリアがすっかり中国に取り込まれていたからですが、やっと中国の意図に気付き、現在は中国包囲網に加わっています。

中国がオーストラリアを巧妙に取り込んだ一部始終は『見えない手』（飛鳥新社）に詳述されていましたが、政治家・財界人・教育関係者への賄賂も含め、電力など重要なインフラまで中国資本の企業に買収させるという手法でした。なお、フィリピンでは既に重要インフラは中国資本の企業にほぼ買収されている状況で、近時は中国寄りとなっています。

このＦＯＩＰに加わりたいと積極的に動き始めたのはイギリス、フランスです。第一章で前述したように、イギリスはアメリカに促されて２０２０（令和２）７月にファーウェイ排除に舵を切りましたが、その後、香港での「香港国家安全維持法」施行や中国のウイグル人弾圧という人権侵害に抗議する意図もあり、中国包囲網に加わったのです。２０２１（令和３）年２月４日のイギリス下院議会では「ウイグル自治区への調査が実現するまで、イギリスは中国との関係を一切深めないことを求める」と与党の保守党議員は述べています。この発言はウイグル自治区にある再教育施設(注)において、性的暴行や拷問を受けた女性たちの証言が報じられたのが契機でした。

ジョンソン政権は「グローバル・ブリテン」構想により、アジア太平洋地域への関与政策を本格化させ、最新鋭空母「クイーン・エリザベス」を２０２１（令和３）年内に東アジアに派遣する予定です。「クイーン・エリザベス」は西太平洋で長期的に展開するという報道もあり、横須賀、佐世保を拠点に在日米海軍第7艦隊の支援を受けながら活動するようです。このイギリスは、世界的に展開している情報同盟の通信傍受システム「ファィブ・アイズ(注)」に日本の参加を促しています（『産経新聞』２０２１年1月14日付）。

イギリスだけではなく、太平洋にタヒチやニューカレドニアを有するフランスも参加し、海軍の空母を派遣し、日本の海上自衛隊との連携も進める予定です。

このような「クアッド」を核としたＦＯＩＰでの日本の役割は、従来のような「日本は傍観者、出すのは金だけでいい」という軽んじられたものではなく、日本としては初めて、安倍元・首相

(注)**再教育施設**：一説には１００万人以上のウイグル人が収容され中国語の強制による教育、思想改造、低賃金労働、拷問、暴行、殺害の被害に遭っている。特に女性はウイグル人絶滅のために出産できないように生殖器を傷つけられているという報告もあるが、これは過去に中国がモンゴル人、チベット人にやったことと同じ。詳細は『墓標なき草原』（岩波現代文庫）を一読されたし。必読の書『重要証人 ウイグルの強制収容所を逃れて』（草思社）。

(注)**ファイブ・アイズ**：アメリカ、イギリス、カナダ、オーストラリア、ニュージーランドが参加し、世界中の通信を傍受し、安全保障に役立てているシステム。日本は国際社会において安倍元・首相への高い評価と、「特定秘密保護法」成立により、参加を促されるまでになった。が、前・菅政権後の動向は未知数。

が国際社会のリーダーシップ(注)を取ったものでした。しかし、菅前・首相並びに安倍元・首相がいなくなり、再び台頭してきたチャイナ・スクールを擁する外務省が、世界のリーダーシップを取り続けることには期待薄というところでしょう。

前述の「クアッド」以外でも、これまで親中国として交易などの交流が深かったドイツにも異変がありました。2020(令和2)年8月、チェコのビストルチル上院議長らが台湾を訪問したことにつき、王毅外相が「彼らは一線を越えた。大きな代償を払うことになるぞ」と恫喝しましたが、ドイツのマース外相は欧州訪問中の王毅外相との記者会見の場で、「チェコへの脅迫は許されない」という発言のほかに、香港国家安全維持法の影響を憂慮し、批判したのです。その2週間後、ドイツのメルケル首相と欧州委員会のウルズラ・フォン・デア・ライエン委員長とシャルル・ミシェルEU大統領(欧州理事会議長)は習近平国家主席を人権問題で論難しました(『前掲書』)。

といっても中国は必ずしも国際社会で孤立しているわけではありません。

2020(令和2)年10月7日、「国連人権会議」において、ドイツの国連大使が署名した日本、アメリカ、イギリスを含む39カ国を代表して、中国の人権問題を批判する声明を発しました。しかし、その前日には、同じ会議場で中国の国連大使が、キューバ、イラン、北朝鮮、パキスタン、カンボジアなどを含む26カ国を代表し、アメリカ及び西側諸国による「人権侵害」と「一方的な制裁措置」を批判していたのです。26カ国はいずれも途上国で、かつ人権弾圧で名が通っている国々でしたが、中国は「一帯一路」を軸とした投資と、コロナ禍による医療物資のばら撒き、途上各国への債務の返済猶予などの外交政策で支持を取り付けているのです。

アメリカの影響力が低下したこともあり、中国は国際社会での新しい盟主としての地位を得るべく、着々と計画を進めてきました。

これに対して２０２１（令和３）年１月に就任したバイデン大統領の外交・安全保障政策が大きな鍵になります。しかし、バイデン大統領はアジアより欧州に関心がある人ですし、中国よりロシアの方を脅威と語ってきた人です。中国との関係においても自身と子息のハンター氏が莫大な支援を受けていることが報じられています。外交政策についても、新たに任命されたアントニー・ブリンケン国務長官、ジェイク・サリバン国家安全保障担当大統領補佐官とともに、アジアではなく中東専門のメンバーです。オースティン国防長官もアジア通ではありません。新設され

（注）国際社会のリーダーシップ：『ワシントン・ポスト』紙のコラムニスト、デビッド・イグネイシャスは「予測不可能なトランプ外交が、リーダーシップの真空を生み出しているさなか、国際秩序を盤石なものとするため安倍はたゆまぬ努力を傾けてきた」と述べたほか、「アメリカが誤った振る舞いをしているときも、アメリカの安全保障はよき同盟国たるニッポンの肩にかかっていたことを肝に銘ずべし」と評価していた（『菅政権と米中危機』（中公新書ラクレ）。また、安倍元・首相辞任後に菅前・首相が就任した際、各国首脳から多くの電話があったが、判で押したごとく、「安倍は大丈夫か」という問いばかりだったことからも、国際社会での安倍元・首相のプレゼンスの大きさがわかる（『天国と地獄に向かう世界』ビジネス社）。同じ趣旨の報道が他の媒体にも多数あった。

た「インド太平洋調整官」にはアジア通とされるカート・キャンベル氏が就いたものの、その手腕は未知数です。

バイデン大統領は２０２１（令和３）年2月４日の初めての外交演説で、中国からアメリカへの「繁栄、安全保障、民主的価値観に対する挑戦」に直接対処し、中国の「経済的不当行為」「攻撃的で弾圧的な行動」「人権、知的財産権、グローバルガバナンスへの攻撃」と対決すると宣言しました。翌日にブリンケン国務長官が、中国外交トップの楊潔篪中国共産党中央政治局委員と電話会談し、台湾問題を含め、インド太平洋の安定を脅かし、ルールを基盤とする国際システムを弱める行動に対し、同盟国等と連携すると伝えています。

連携という中では日本の立場は、これまで以上に重要になるはずですし、尖閣諸島問題の当事者である以上、アメリカや同盟をあてにして微温湯に浸っていることはできません。そんな態度であれば、日米安保以前に米軍や他国の軍との軍事協力に穴が空いてしまい、国と国民を危険な状況に陥れてしまうからです。

このような文脈では、必ずと言っていいほど、アメリカ追従と非難する声がありますが、日本は決してアメリカ追従ではありません。その好例が国連でのアメリカの提案への賛否です。少し前になりますが２０１３（平成25）年の国連総会では83回の投票機会があり、アメリカ代表と同じ票を投じた比率は、イギリス77・５％、オーストラリア80・９％、アメリカからの自立のイメージの強いフランス77・9％、ドイツ70・0％になっています。中立国のフィンランド69・6％、スウェーデン69・1％でしたが、同盟国であり、大きな支援を受けてきた日本は67・2％と同盟国では最低です。私からすれば、日米同盟によってどれだけの恩恵に浴してきたかを勘考すれば、イスラエル並みの95％以上とは言わずとも、もっと賛同してもいいのではと感じます。

トランプ前・大統領と安倍元・首相との貿易交渉においても、日本は譲歩を余儀なくされたと評される（主に左派メディアに）ものの、違います。韓国と比べれば一目瞭然（いちもくりょうぜん）で、彼の国は自動車輸出にガツンと関税をかけられたほか、アメリカからの輸出関税は下げられるなど、トランプ式の「強引商法」に屈服させられていました。

翻って日本は現実的な見方をするエコノミストや評論家が述べるように、まずまずの線で妥結しています。もっとも、今後はわかりませんが。

アメリカ外交といえども、中国や他国との外交上のバランスによって変わるのです。国際外交は常に流動的な側面を抱えているので、環境が良い間にも、最悪を想定して備えておかねばなりません。既に中国は経済と、それを背景とした勢力拡大を国是としているので、中国べったりの友好親善の道は最終的にはないと言ってもいいでしょう。

このような情勢下、日本がすべきことは、価値観と利害を等しくする国との協力・同盟強化と、最低限を脱した防衛力の強化しかありません。数年前に慶應義塾大学法学部教授で国際関係論では若手の中核とも言える細谷雄一氏が日本の外交について『読売新聞』に寄稿した論稿において、安倍外交を現代のビスマルク(注)外交と評価していたのですが、２０２１（令和３）２月に拓殖大学海外事情研究所の川上高司(かわかみたかし)所長も『ヴォイス』（２０２１年３月号）誌上で、日本は「ビスマルク外交をせよ」との提言をしていて同感でした。

川上氏の主張は、日本はアメリカとの同盟を強化しつつ、イギリス、オーストラリア、インドとの間のＦＯＩＰの枠組みを積極的に展開する他にロシアとも関係を密にして、中国の孤立化を図るとしていますが、首肯できます。イギリスだけではなく、フランスも加わり、両国の海軍が艦隊をインド洋、太平洋に派遣し、日本の港湾を使うことは歓迎すべきことです。

このクアッドもそうですが、このような対中国包囲網は、19世紀初頭にヨーロッパ最強国のフランスを包囲した、イギリス、プロイセン、オーストリア、ロシア４カ国で１８１４年３月１日に締結した「ショーモン条約(注)」を彷彿(ほうふつ)させます。この条約により、稀代(きたい)の英雄かつ近代戦争の申し子であるナポレオンは１回目の退位に追い込まれたのです。

問題は安倍元・首相のような安全保障における国家観と外交手腕が他の首相に期待できないことと、しばらく息を潜(ひそ)めていた外務省の親中国のチャイナスクールが復活していることです。

また、日本の安全保障について大きく誤った観念をメディアが誘導している面も是正しなければなりません。その一例として２０２０（令和２）年８月４日、当時の河野(こうの)防衛相の記者会見において、『東京新聞』記者と次のようなやりとりがありました。河野防衛相が新たなミサイルの脅威に対応を検討すると語ったところ、記者は周辺国からの了解が得られているかを問い、河野防衛相は周辺国とはどこの国かと尋ね、記者が中国・韓国などと答えると、河野防衛相は、その中国がミサイルを増強しているときに何で了解がいるのかと切り返し、インターネット上では称讃されたのでした。

このやりとりのおかしさに気付いてくれたでしょうか。これが左派メディアの奇妙な思考であり、日本の国防への意識を毀損してきたことの一つでもあります。『東京新聞』とは、一体どこ

（注）ビスマルク：1815年～1898年。俗に「鉄血宰相」。プロイセン（プロシア）時代、オーストリアとの普墺戦争、フランスとの普仏戦争に勝利して、1871年にドイツ帝国として建国。最初の宰相になった後、フランスを孤立させるために、ロシア、イタリア、オーストリア、イギリスと協約、同盟を次々に結び、「サーカス外交」「華麗な外交」と呼ばれた。1890年に父・ウイルヘルム1世死去で即位していたウイルヘルム2世と合わずに辞任。ドイツはたちまち外交上の安定を失い、ウイルヘルム2世の拡張主義によってイギリスと対立、やがて第一次世界大戦での敗北へと向かった。明治維新後、日本から「岩倉使節団」が欧米を回った際、大久保利通がビスマルクに多大な影響を受け、同じ髭を生やしたのは有名。

（注）ショーモン条約：1814年、フランスは年初から各国からの攻撃を受けていた。ナポレオンが1月29日ブリュエンヌ、2月10日シャンボーベール、2月11日モンミライユ、2月12日シャトーティエリ、2月14日ボーシャン、2月17日モルマン、2月18日モントローでことごとく相手国を退けた。イギリスのカースルレイ外相の努力でショーモン条約調印（グランド・アライアンス大同盟）。その後、3月12日にイギリス軍がボルドーに上陸、3月13日にランスでフランスは勝ったが、3月31日パリ陥落。4月1日、タレーラン臨時政府樹立。4月6日、ナポレオン皇帝退位、4月11日、エルバ島に流刑決定。翌年2月26日、エルバ島脱出。

の国の新聞なのか、まさか『トンキン新聞』ではなかろうかと首を捻ってしまいました。

日本は安全保障、国防となると脊髄反射的に「戦争をするのか、戦争できる国になるのか」「軍国主義復活」と左派は声高に叫ぶのが常になっています。

1992（平成4）年6月15日のPKO協力法成立後での自衛隊の海外派遣の際も同じことが叫ばれましたが、その後、PKOは好ましいもの（注）というコンセンサスができました。軍備増強は戦争をするためではなく、相手に戦争をすると大きな被害が出ますよ、と抑止力のためにするというのが、国際社会での常識です。

その軍備増強と共に効果をもたらすのが外交による同盟なのです。外交というのは、絶対的なものではなく、他国間のバランスによって縦横に変化するものでなくてはなりません。イギリスの首相であり、拡張主義者のヘンリー・J・T・パーマストン卿（1784年〜1865年。1855年〜1858年、1859年〜1865年と2度首相）は「国家には永遠の友も永遠の敵も存在しない。存在するのは永遠の国益だけである」という至言を残していますが、これが外交の要諦です。

そうは言っても日本は、第一にアメリカを最重要国、日米同盟を基軸に考えねばなりません。往時に比べたら低下したとはいえ、経済力・軍事力はもちろんのこと、国際社会ではリーダーの座にあり、民主主義という価値観でも日本とは一致しています。次にイギリス、オーストラリア、カナダ、ドイツなどの主要先進国はもちろんのこと、インドや中東もしっかりと視野に入れておかねばなりません。そして、ロシアもです。北方領土のためではありません。安倍元・首相は在任中、ロシアのプーチン大統領と24回会っています（トランプ前・大統領とは12回、電話会談は多数）。これは両者のケミストリが合った証拠でもありますが、メディアや国民が注視する北方領土問題は未解決のまま終わりました。

一部の元外交関係者には、ことあるごとに成果はあったのだという旨の論評をしていますが、そうなのかなと考えつつも、私は別の見方をしています。というのは共同でのシベリア開発をはじめとするロシアとの経済を軸とした協力関係を築くことが、日ロ間の結び付きを強くするほかに、中国とロシアの関係を鑑みた場合、日本に有利に働く可能性があるというものです。中国は現在、エネルギーや食糧の大量消費国であり、エネルギーについてはロシアからの原油や天然ガスを欲しています。シベリアの開発は、その点で重要なものであり、そこに日本が深くコミットすることで、中国は日本へも配慮しなければならなくなるでしょう。

一部メディアや識者には、日本はロシアに利用されて終わると主張しますが、ビジネスに関係

（注）ＰＫＯは好ましいもの：「国連平和維持活動協力法案」、いわゆるＰＫＯ協力法。２０１６（平成28）年の内閣府調査で、日本のＰＫＯ参加につき、81％が肯定的、「参加すべきではない」が１・８％。『朝日新聞』は法案成立翌日の６月16日付の社説で「不幸な出発」と述べていた。その後、同紙は「ＰＫＯ参加を好ましい」と評した。

する日本企業が初めから損をするプロジェクトに参加することはありません。

私は安倍元・首相という人の政治を俯瞰してみると、左派の貼った「右翼的・タカ派」というレッテルが表層的過ぎるもの、実際の政策は超の付くリアリスト、バランサーであり、良いとなればリベラル的政策も躊躇なく取り入れますし、タカ派の理念一辺倒の政治家ではない、特に外交ではまさにビスマルク的な均衡重視の手法で、かつてないほど日本の国際的プレゼンスを高めたことは、海外の政治家・メディアの一致するところです。

お膝元の日本のメディアだけが、このことを無視し、国民に正しく公正な視点・判断を持たせないようにしているとも見受けられるのです。この点、7年8カ月の長期政権の理由として、国民が長く支持をした点では、左派メディアの安倍叩きは完全に失敗[注]したと言えます。本書は本当に残念ですが、紙数に限りがあり、皆さんに知っていただきたい政治については叙述できません。なんとか機会を作って公正なところを述べたいところです。

ロシアとの北方領土に関しては、返還の道はまだまだ遠いものの、日ロの共同作業・ビジネス・交易を深化させ、日本人の善良さ、誠実さをロシア人の間に広め、ロシア発展にとって日本の資本・人材・技術は不可欠、加えて友好的で信頼できる大切なパートナーとなっていけば、事態の変化もあるかもしれませんし、そうならずともロシアとの関係が深くなることで、中国も日本を尊重しなければならなくなるのは、トランプ前・大統領の外交によって、立場が苦しくなった中国が日本に宥和的な態度を示したことが証明しています。

外交とは他国間とのバランスが大切で、アメリカ、イギリス、フランスなど古くから外交に長けている国は、意図的に標的とした国に険悪な関係、対立関係のある国を作り、自国に引き付けるという謀略を重ねてきたのです。北方領土もアメリカの謀略(注)によってソ連に奪われたままになりました。日本はそんな謀略を用いずとも、その時々の他国の関係を注視し、常に対中国で協力・連携できる外交を展開していくことです。

（注）**安倍叩きは完全に失敗**：退陣後の9月3日の『朝日新聞』とＪＮＮ（ＴＢＳ局）の世論調査では、安倍政権を評価するか、の設問に対して71％が評価と回答。『朝日新聞』も驚いたことが窺え、その後の編集委員の論稿では、このことをよく考えねばならないという旨が掲載された。私も『朝日新聞』の購読者の公正な判断を見て、見直した。また、9月の『朝日新聞』紙上では、１９８０年代生まれの鈴木涼美氏（文筆家・37歳）の評価として、安倍元・首相の魅力、人間的にチャーミングと思わせる魅力があったのだろう、民主党政権の未熟さと安倍政権しか知らない、同世代や年下の20代～30代には、たとえば護憲はほとんどいない。（中略）「時代に合った新憲法を自分たちでつくるのは当たり前のこと」と素朴で無邪気な反応が多かった。ＳＮＳ時代では社会問題を告発する切実な声と、「安倍さんは頑張っている」といった「ゆるふわ」な声が同列に並ぶ。批判ばかりのリベラル野党は「ウザイ」「エリートのきれいごと」と思われているのを自覚しないと、という記事になっていた。安倍政権はとても完全無欠とは言えない面もあったが、総じて日本と日本人の未来のために必要な仕事をした政権であった。

（注）**アメリカの謀略**：ソ連と国交回復をし、平和条約を結ぶ前段階として返還の話もあったが、アメリカのダレスが、それなら沖縄は返さんと恫喝され、交渉は頓挫した。アメリカとしては、日本とソ連が接近することを阻止するのが目的だった。

そして、もう一つのポイントは他国と協調するのは当然として、突出した過剰な中国叩きはせず、是は是、非は非として中国と付き合っていかねばなりません。憲法第9条の縛りがある以上、中国は協力・同盟のウィーク・リンク（弱い輪。そこを攻めるのが戦略上のセオリー）が日本であることは百も承知しています。どうあれ、付け込まれないように、硬軟両方の外交を模索・実行しなければなりません。

20世紀初頭、拡張主義に転じたアメリカはセオドア・ルーズベルト大統領（通称、テディ）が、「棍棒と革手袋」での外交を繰り広げました。これは柔らかな革の手袋をした右手で握手しながら、後ろ手にした左手にはしっかり棍棒を握っているということを表したもので、古来から外交のバックには軍事力が必要とされてきたのです。

歴史を遡れば、外交官は軍人という時代から始まっています。明治時代、1875（明治8）年に榎本武揚がロシアと樺太・千島交換条約を結んだときも榎本は軽んじられないように、いきなり陸軍中将の軍服で臨み、タフな交渉の末に締結したのです。あまりにも有名ですが、かのクラウゼヴィッツは戦争は政治の延長とも語っています。外交と軍事は不即不離、表裏一体のものなのです。然るに日本はアメリカにかけられた魔術（第9条）によって軍事力のない、つまり交渉力としては「札束」を使う以外にない、不完全な外交を強いられてきました。金の威力は、有事の際は消えてしまうだけに、ここを是正することが、国力向上のために不可欠です。それなのにわずかでも軍備増強の話になると、一斉に「戦争をするのか！」「軍国主義だ！」となります。一国さえ軍備がなければ戦争にならないというのは妄想でしかありません。国際社会の中においては、日本だけが歪な思想を持っています。

　戦争と平和についての格言は枚挙に遑がありませんが、「自らの安全を自らの力によって守る意思を持たない場合、いかなる国といえども独立と平和を期待することはできない」（マキャベリ）、「あなたは戦争には関心がないかもしれないが、戦争はあなたに関心を持っている」（レフ・トロツキー）など、欧米の識者、大学生では当たり前のことを示している言葉です。

　私たちの国の憲法前文には「われらは、いづれの国家も、自国のことのみに専念して他国を無視してはならないのであつて」とありますし、その前には「われらは、平和を維持し、専制と隷従、圧迫と偏狭を地上から永遠に除去しようと努めてゐる国際社会において、名誉ある地位を占めたいと思ふ」と拙い日本語ながら、その高尚なる理念が謳われています。

　しかし、憲法を守りたい人たちには、この二つの意思も行動も見られず、ひたすら第９条に固執し、「９条教信者」になってしまっているようです。

　近年の平和は、自分だけが、の一国平和主義ではなく、国際社会の秩序を脅かす危険な勢力を積極的に阻止・排除しようという「積極的平和主義」になっています。そのためには日本も「名誉ある地位」以外に、先進国の責務として国際社会に貢献しなければなりません。戦後の国際秩序は長らくアメリカとソ連の二大国による冷戦下にあり、日本は民主主義・自由経済国として西側陣営に属し、アメリカの庇護のもとに平和と繁栄を享受してきました。

中国はまだ貧しい途上国であり、開祖の毛沢東と中興の祖の鄧小平が「韜光養晦」を唱え、外交では突出した行為もなく、日本にとっての脅威はソ連のみでした。１９９１（平成３）年12月にソ連が崩壊し、アメリカ一極主義が続く中、日本は経済に翳りが見えるのと裏腹に中国が雄飛し、それと共に日本との軋轢が顕在化してきて、それが今日では軍事的脅威にまでなってきました。

さらにアメリカの衰退も加わり、日米同盟のみ、自助努力なしでは、将来に大きなリスクを負うようになったのです。

周囲の情勢が変化した以上、それに適応するように変化しなければ生き残れません。国土と国民の生命と財産を守り抜くため、高尚な理念は理念として現実を直視した対応をすることが求められているのです。それが外交と並ぶ両輪の一つである軍事力の増強になります。ただし、相手に対抗して次々と軍拡をするには莫大な費用がかかるので、そこに登場するのが複数の国との同盟であり、複数の国で同盟を結び、集団で対応しようという集団安全保障という考え方があるのです。ヨーロッパとアメリカで結んでいるＮＡＴＯ(注)が好例で、アジア版のＮＡＴＯを作るのは一つの理想と言えます。そのためには、これまでのような過剰なアメリカ依存をやめ、日本も軍備の増強を図るのが不可欠なのです。『１００年予測』（ハヤカワ・ノンフィクション文庫）や『２０

2020―2030アメリカ大分断』（早川書房）の著者で地政学アナリストのジョージ・フリードマン氏は、日本も海上交通路(シーレーン)(注)を確保できる軍事力を持つことと、国際基準で見ると日本が経済規模に相当する軍事的立場を有していないので、そのアンバランスをすぐに修正すべきと述べていました（『ヴォイス』2021年3月号）。

日本の防衛費(注)はGDP比で1％というところです。欧米では大体が2％前後であり、日本は少

（注）NATO：ロシアを仮想敵国とした「北大西洋条約機構」。加盟国の一団がロシアから攻撃を受ければ、加盟国全体で対処する同盟。2020年時点で30カ国加盟。1949年発足。国際政治学者のカール・ドイッチェは「安全保障共同体」「不戦共同体」と呼んだ。この条約でアメリカが行った集団的自衛権行使は3回、追随したのはイギリスのみ。

（注）海上交通路(シーレーン)：日本は石油をはじめ、多くの資源をインド洋、太平洋経由で運んでいる。仮に南シナ海が完全に中国の領海となれば、オーストラリア西部、ソロモン諸島などを経由し、これまでの安定性は保てず、遠回りしてコスト増の他、船員（外国人）確保もできずに輸送がストップすることも考えられる。なお、シーレーンでは中国も同じく、石油などを海上輸送（大半が日本と同じルート）で頼っているので（中国は世界最大の穀物輸入国、世界2位の石油消費国）、クアッドや、それに参加するイギリス、フランスに海上封鎖されると国は成り立たなくなる。前出の軍学者の兵頭氏は、かなり以前から、機雷による海上封鎖をすれば中国は身動きが取れないと主張しているが同感。

（注）防衛費：フランス588億ドル（GDP比2％）。ドイツ583億ドル（同1・4％）。イギリス549億ドル（同1・8％）。オーストラリア262億ドル（同1・8％）。韓国549億ドル（同2・5％）。ロシア177億ドル（同2・7％）。日本484億ドル（同1・09％）。アメリカ6540億ドル（同3％）。中国3363億ドル（同1・4％）。以上、『読売新聞』（2021年2月18日付）より。

な過ぎるというのは妥当です。日本は２０１９（令和元）年から５年間の防衛予算を総額で27兆４０００億円としていますが、今後の島嶼防衛、ミサイル防衛を考えれば足りるものではありません。選挙の度に、有権者に何を優先すべきかという世論調査では、社会保障と景気対策が常に上位にきますが、社会保障は国がしっかりと安定していることが大前提で、存続や平和に赤信号が点（とも）れば、それどころではなくなるのです。国、国民としての最優先事項は国防であり、次が経済や社会保障や教育となります。２０２１（令和３）年度の防衛予算は５兆３４２２億円でした。これが果たして高いものか、保険に見立てて考えてみます。

日本国民は１億２４００万人、難しいことは承知で１人あたりの保険金を５０００万円（かなり低い額と言えますが）とすると、総額で６２００兆円、それに国の資産（インフラ、土地など全ての）国富（こくふ）３５００兆円を加えると９７００兆円になります。保険料を１％として97兆円、０・１％として９兆７０００億円です。こうして考えると決して高い費用ではありません。いざというときの保険になるかどうかの分かれ目なのです。防衛予算とは危機が訪れる確率の高い低いではなく、常に備えておくことが抑止力になるのだと認識を改めなければなりません。

たとえ、それ以降も増強のために費用がかかろうとも防衛に関する技術の向上、それによる輸出拡大と輸出相手国との連携強化、技術支援、民間への技術の応用（民間でのハイテクには軍事からの転用が夥（おびただ）しくあり、インターネット、ＧＰＳもその一つ）と全くの無駄になることはないのです。

仮に同盟がなく、日本が自主独立をするために自主防衛とするならば、防衛大学校の武田康裕教授と武藤功教授の試算では年間24兆円から25兆5000億円が必要となります。

日米同盟の効力がいかに絶大かわかるでしょう。2021（令和3）年2月に在日米軍への思いやり予算(注)が2017億円で妥結しましたが、これまでの日米安保条約の莫大な恩恵を鑑みれば何を細かいことを言っているのだ、どんと出してやればいいのに、と感じるばかりです。

他者、他国に自分の安全を依存し、普段は平和を存分に享受し、出す金は最低限というのは、人としてどうなのだろうかと情けなく感じるのは私だけでしょうか!?　いつから私たち日本人はそんなに矜持も誇りもない民族になってしまったのかと無念でなりません。尖閣諸島を守るというのは、日本の主権と共に、国・国民としての尊厳を守ることでもあるのです。また、核保有国に対する抑止力として、日本も核を保有すればいいという主張もありますが、現実的ではありません。というのは、日本が核を持っていないからこそ、他国、特にアジア諸国は安心と信頼を、「アジアのリーダー」として日本に寄せられますが、核を持つ強国となれば、過去の強過ぎる日本軍の記憶が蘇ってしまいます。

現在、190カ国が加盟している「核兵器不拡散条約（NPT）」は、実は日本とドイツを核

（注）思いやり予算：少し前になるが2016（平成28）年度の「在日米軍関係費」は5566億円で、日本の負担率は世界でダントツの75％。しかし、これで国土と国民の生命を守ってきたというのは安過ぎる。

保有国にしないために(注)結成されたのです。アメリカと中国も日本に核武装させないという密約を１９７２（昭和47）年、ニクソン、キッシンジャー、周恩来との間に結んでいます。技術的には日本は容易ですが、国際情勢を斟酌（しんしゃく）すると持たない方が国益になるのです。その代わり、「ニュークリア・シェアリング」(注)といって、有事の際にはアメリカの核を使わせてもらうというシステムがあります。実現にはハードルが高いのですが、日米同盟の緊密化を図りながら試してみる価値は低くありません。国と国民の根幹は国防です。日本では国防という語に過剰に反応してしまう奇矯（ききょう）な思潮がありますが、それを排して国際常識をもって冷静に考えて正しい認識を持つとともに、自国の領土、主権を守る意味についてじっくり検討する時間を持ってください。本書が、その契機になれば幸いです。

中国共産党の未来崩壊はあるか？

◉習近平国家主席の権力はいつまで続くのか？　習近平国家主席が恐れるリスクとは？

２０２１（令和３）年７月１日、中国共産党１００周年の記念式典において、習近平国家主席は天安門の城楼に中山服（ちゅうざんふく）を着て登場しました。このときの灰色の中山服は毛沢東を模したもので、「再来」と自らの権力を印象付けたのです。その後、１時間５分の演説を行い、中国共産党１００年の歴史を輝かしいものとし、中華民族の偉大な復興を20回も繰り返しました。

式典前の七一勲章（人民に与える最高ランクの勲章）授与式では、「党に全身全霊で忠誠心を尽くせ」とも訓示しています。特に中国共産党がなければ中華民族の偉大な復興はない、中国共産党の指導は中国の特色ある社会主義の最も本質的な特徴だと述べ、自身の掲げる思想と自身の正統性を強調したのです。

この中国共産党、日本との歴史から見ると、創設メンバーで代表者の李大釗（りたいしょう）は早稲田大学、陳独秀（ちんどくしゅう）は新宿の成城学校（現・成城中・高校）に留学した人たちでした。彼らは穏健派ですが、後に暴力革命派の毛沢東らに追い出されています。また、創設メンバー13人のうち、6人が日本留学組で、日本とは浅からぬ因縁がありました。

李や陳らを追い出した毛沢東、生死を賭（か）けた権力闘争を経て指導者となっていますが、その間の失政や闘争で殺した人民の数は数千万人とも言われています。

毛沢東に懲りて、鄧小平は集団指導体制を布（し）きましたが、習近平国家主席はそれを毛沢東の時代に回帰させるべく、自身への権力集中を図りました。ＩＴとＡＩを駆使した監視システムや汚

（注）核保有国にしないため：国連には今でも日本、ドイツを筆頭とする旧枢軸国に対し、他国のような手続きを踏まなくても攻撃していいという「敵国条項」があり、日本、ドイツの働きかけが続く中、削除できてはいない。

（注）ニュークリア・シェアリング：ドイツ、イタリア、オランダ、ベルギーがアメリカと結んでいる条約。これらの国はアメリカの核を使って反撃でき、日常的に訓練もしている。日本の障害は「持たず」「作らず」「持ち込まず」という非核三原則と、アメリカの決断。

職摘発により、人民を統制しています。

中国共産党の目的は２０４９年にアメリカを凌駕（りょうが）して世界一の大国になることですが、アメリカに亡命した元・中国共産党幹部の蔡霞（さいか）氏によれば、習近平国家主席はアメリカを敵としか見ず、独裁者を目指しているとのことでした。

しかし、中国共産党内部は一枚岩ではなく、権力闘争による内部崩壊の可能性がないわけではないとも示唆しています。実は習近平国家主席の一族は、長姉とその夫がカナダ国籍、次姉夫婦と弟がオーストラリア永住権、娘がアメリカのグリーンカード所持、というように軸足は海外にあるのでした。

これが物語っているのは、習近平国家主席の地位が必ずしも盤石ではないということです。ただし、中国共産党自体は人民に支持されている点を含め、崩壊の可能性は低いとされています。

習近平国家主席には、個人として権力を維持しなければならない事情もありました。それは汚職捜査で膨大な党幹部を検挙していることで、自らが権力を失えば次は自分が捕まるという恐怖でした。習近平国家主席はこれまで4回の暗殺未遂もあり、常に警戒を怠らないとされています。

幸いなことに18歳の意識調査では１００％近くの若者が、中国の将来は良くなると答えていることもあり、中国共産党にとってはプラスです。仮に党崩壊危機となれば、国内の民心統一と目を外に向けるため、台湾か尖閣諸島への侵攻も選択肢にあります。

おわりに

◉日本人としての考え方・捉え方——日本という国との、のっぴきならない縁とは？

ここまで読んでくださり、ありがとうございました。日中間について様々な思い、感情が去来したのではないでしょうか。

ここで歴史の真実以外に、注意・心がけたいことについての私の思いをお伝えします。

私たちは、どうあれ日本人として日本という国と特別に深い結び付きを持っていることは否めません。この地球には200を超える国と地域がありますが、その中で日本という国で日本人として生まれたことは奇蹟的な確率であり、宿命でもあります。国、それ以上に国家という語を反射的に否定・嫌悪する人も少なくない日本ですが、国家というのは決して否定・嫌悪されるようなものではありません。しっかりした国家があるからこそ、私たち国民は平穏に暮らせるのです。これがもし、崩壊あるいは不安定な国家であれば、日々の平穏どころか、生命と財産の安全もありません。シリア、ソマリア、イエメンを見ればわかります。

生命と財産の安全につき、大半の日本人は当然のことと考えることもないのが普通ですが、仮に国家がなければどうなるでしょうか。

ホッブズ(注)は、『リヴァイアサン(注)』の中で、国家のない自然状態では「万人の万人による闘争状態」という趣旨のことを述べています。簡単に言えば無法状態のことで、仮に国家がなければ、警察、軍隊もなく、いくら法律があっても、執行機関（前記以外に検察庁、裁判所も含む）がない以上、不法行為は取り締まれず、やりたい放題になってしまうのです。殺人はもちろんのこと、財産の有無にかかわらず、窃盗、強盗、強姦、暴行、何でもありの世界です。

善良な皆さんは法律があれば安全だと考えているでしょうけれど、ＬＢ級刑務所にいる私には、ここにいる受刑者たちが、法律など毛ほども気にしていないことを熟知しています。彼らが回避したいのは警察に捕まることで、捕まったときには、「また刑務所かよ」と安易なものです。

国家なき場合には、自分と家族を守るだけの能力（暴力や、防衛のために人を雇うだけの資金）がなければ、恐ろしくて、外も歩けないどころか、家にいても恐怖心とともに過ごすことになります。このことは決して詭弁ではありません。内戦状態の国を見れば、すぐにわかります。

ならば自衛のために人を雇うとしましょう。昨今、ボディガードを24時間、雇ったならば１人あたり約14万円、ただし、家族がいれば、最低でも人数分だけは雇う必要があるかもしれません。誰か１人が職場・学校などに出かけるときはその人に最低１人、残された家族にも必要になります。たった１人雇うだけで月に４２０万円、年間で５０４０万円、３人雇えば１億５１２０万円です。3人であっても10人、20人の悪党集団が襲ってきたなら万全とは言えません。すると、5人で年間2億5200万円、10人なら5億400万円となり、これを払える人は国民の中で、0・5%もいないでしょう。

残りの人は恐怖と不安の中、「いつ、自分が被害者になるのかわからないロシアン・ルーレット状態」で暮らさなければなりません。この他に子どもの教育費、医療費と考えていけば、どれだけの恩恵を国家から受けているかわかるはずです。まともに計算していったら、「税金が高い」などとは、とても言えません。これが国家の良さ、大いなる利点なのです。

左派の人は「国家権力反対」「国家権力は悪だ」「国家権力イコール暴力だ」と批判します。しかし、私たちが平穏に（被害者となる確率はゼロではないものの、日常、それを考えて生活している人はいないでしょう）生活できるのは国民に代わって国家が暴力（法の執行機関や軍など）を担当しているからです。各自が自分と家族を守ってくれることを国家に託す、その代わり税金を払うという一種の契約によって国家は成り立っていますが、この税金にしても経済学上の「規模の経済」という作用によって1人あたりの負担額が低くて済んできました。

（注）ホッブズ：1588年〜1679年。イギリスの哲学者。社会契約説、主権国家論を提唱。
（注）『リヴァイアサン』：ホッブズの主著。リヴァイアサンは、聖書の『ヨブ記』に登場する怪物。ホッブズは、それを国家に見立てている。国家主権の絶対性の象徴。

生命と財産を守ってもらい、おまけに教育してくれ、医療の面倒までみてもらう、これを恩恵を受けてきたと言わずに何と言うのでしょうか。つまり、私たち日本人は自己の思想・信条にかかわらず、この日本という国に深い恩があるのです。これだけ世話になってきたら、通常の倫理観の持ち主ならば、そう感じるのではないでしょうか。

さて、話はここからです。恩があれば、日本の過去の歴史、所業についての「悪」の部分は大目に見よう、ということではありません。是は是、非は非です。

しかしながら、その非のみに拘泥（こうでい）し、ひたすら非難しまくり、あまつさえ、嘘まで捏造（ねつぞう）して他国（それも「反日国」）に告げ、共に糾弾するというのは、日本人以前に人としてまっとうなことではありません。非は非として捉えることと同時に、では相手はどうだったのか、全体について相対的に比べて日本一国だけが悪だったのか、日本だけに非があったのかを勘考する態度が必要です。ＡとＢが殴り合い、Ａの殴った場面だけをクローズアップし、いつまでも批判する精神は歪（いびつ）としか言いようがありません。

非なら非で反省して改める、そのことは忘れないようにしつつ、自分と自分の祖先たちを連綿と育（はぐく）んでくれた日本という国の善の部分も認め、よりよい国になるように、と願う姿勢を持ってほしいのです。非を見るな、ということではありません。しかし、非ばかり増幅する行いは、嘘、不誠実であり、己を偽ることになり、その人自身への背信でもあります。日本に生まれたという縁（えにし）を感じ、非は改め、善を伸ばす、日本人としての立場から過去や歴史を考えてみる、ということも心がけてください。

戦後の日本はアメリカに自国の安全を依存し、左翼にあらずんば人にあらず、という流れのまま、ひたすら自国を貶（おとし）める歴史を流布してきました。結果として他国に対して事実とは違う誤った歴史観で接するという、大きな過ちを犯しています。何でも迎合する、事実とは異なることでも相手の主張に従うというのは、人としての矜持（きょうじ）も誇りも尊厳もないどころか、相手にも失礼です。

先の戦争に参加した国では、どの国であろうとも「悪」の部分はあり、それに比べて日本の悪だけが突出しているということはありません。なんとか機会を作って、あの戦争のことも詳しく書きたいですが、日本は一国だけ指弾される要素のない国でした。そこを先入観抜きで学んでもらいたいのです。

そして、自国をある程度は自分で守れる態勢を整備し、それ以上に国民がその自主独立の精神、気概を持つことが絶対条件です。「外交の魔術師」と呼ばれたビスマルクは「国家は敗戦によって滅びない。国民が国家の魂を失ったときに滅びる」と語りましたが、現在の日本はその岐路にあります。

今から51年前の1970（昭和45）年7月7日『サンケイ新聞』（現・『産経新聞』）で三島由紀

夫は「このまま行つたら『日本』はなくなつてしまうのではないかといふ感を日ましに深くする。日本はなくなつて、その代はりに、無機的な、からっぽな、ニュートラルな、中間色の、富裕な、抜目がない、或る経済的大国が極東の一角に残るのであらう」（『果たし得てゐない約束―私の中の二十五年間』）と述べましたが、その通りになった感があります。ただし、経済的大国ではなくなりつつあるのですが。

近年、出版の世界で「日本スゴイ！」という礼賛本が出れば、すかさずそれを否定し、嘲笑する人もいますが、その精神の歪みに気付いてないのでしょうか。日本だけがいい、素晴らしい、凄いというのには賛同しませんが、短所もある反面、長所が多いのは事実です。日本を優位に見て、他国を下に見るのは誤りであっても、自国の優位を喜ぶことを嘲笑することも日本人として情けないことです。

是は是、非は非、それを心がければいいだけであり、国粋主義(注)にならないように注意すればいいのです。今後の日本はこれまで以上に国際社会での立場を重んじ、正しいことを促せる国になるためにも、自国の防衛について積極的に取り組まねばなりません。

左派の「憲法第9条固守」は理念としてはいいのですが、既に現実的ではなくなっています。ただ、私が奇妙に感じるのは、第9条の理念を守れ、これが素晴らしいとしながら、他国に対して、武器を捨て、軍隊を廃止しましょう、みんなで非武装の理想の世界を作りましょうと、働きかけた、運動したということがないことです。誰だって、この理念が実現すれば世界はよくなると感じるのですから、日本国内だけで主張するのではなく、世界に飛び出したらいいのにと感じるのは私だけでしょうか。

　戦争は一国だけでするものではありません。相手があって成立するものである以上、それほどに第9条が有効と考えているのであれば、世界に向かって運動してほしいものです。繰り返しますが日本人だから、何でも日本は正しかったと見るのではありません。過(あやま)ちは過ちとして見ながらも、当時の日本の立場も鑑み、相手国も合わせて公正に判断せよ、ということです。

　日本、日本人には長所も短所もあります。日中戦争では互いの国民、民間人に被害を与えたのも事実ですし、日本の防衛が過剰になった面があったことも否定できません。それでも戦争と考えた場合、動機は侵略ではなく自衛と復仇(ふっきゅう)(注)になります。

　ただし、個人レベルでは中国人のことを劣等民族と侮辱した例は多いですし、中国人も日本人に同じことをしていました。現代では、アジアから夢を懐(いだ)いてやって来た留学生たちを、不当に安い賃金で酷使する問題もあり、日本人として情けなく、憤りも感じます。それが欧米ではなく、アジア人相手というのが、日本人の悪弊を表しているのでした。

(注) **国粋主義**：日本、日本人が優秀と誇示すること。往々にして他国を見下すのが悪。

(注) **復仇**：相手国の国際不法行為の中止・救済を求めて被害国のとる強制的行為。国際法でも認められている。

日本に来た外国人には、どの国の人であろうと、親切に誠実に接してほしいものです。私は日本と日本人が、世界の中で善き国、善き民族と信頼されること、そして、国際社会で他国のために役に立つ国、国民であることを希望しています。そのためには、もっと自国の歴史や過去に対して正しい知識、公正な知識を持たなければなりません。

幸いなことにアジア各国を対象にした信頼度調査では、常に日本が約70％の支持を得て、ダントツのトップです。多くの日本人、その先人たちの努力と精進の賜物であり、財産と言えるでしょう。この信頼をさらに高めるべく、これからの人たちにも頑張ってほしいものです。

私は愚か者で己の信条にこだわり過ぎたため、このような境遇にいますが、少しでも世の中のためになることができれば、と願って本書も書きました。本書が皆さんに有益な知見を得る契機となることを願ってやみません。最後までお付き合いくださいまして、心から感謝いたします。

なお、インターネット上で本のレビュー、近現代史、社会問題、仕事について、筋トレ、受刑者についてなどなど、さまざまな情報を用意していますので、ぜひ、ご閲覧ください。皆さんの知識がより深まれば幸いです。機会がありましたら、また、お会いしましょう。

ありがとうございました！

美達大和

主要参考文献（※紙幅の都合上、原則として、特に重要な引用、参照を行った日本語の単行本に限って挙げている）

『見えない手』（飛鳥新社）●深謀遠慮の中国の大謀略の書。

『中国の大プロパガンダ』（扶桑社）●昔からの中国の「お家芸」。

『日中戦争の「不都合な真実」』（PHP文庫）●中国人の心情が見える。

『中国海軍VS.海上自衛隊』（ビジネス社）●中国軍人の日本観が白眉。

『自衛隊は中国人民解放軍に敗北する!?』（扶桑社新書）●前著（ビジネス社の）の丁寧な解説と補足。必ずセットで！

『侮ってはならない中国』（信山社新書）●平易ながら詳しく正確。

『尖閣諸島が本当に危ない！』（宝島社）●さまざまな情報が出ている良書。

『日中戦争の真実』（幻冬舎ルネッサンス新書）●コンパクトなのに詳しく正確な好著。

『米中戦争前夜』（ダイヤモンド社）●トゥキディデスの罠の淵源の書。

『China 2049』（日経BP）●アメリカの対中政策の大失敗の書。

『日本はいかにして中国との戦争に引きずり込まれたか』（草思社）●中国の狡智と日本のお人好しがわかる。

『中国の戦争宣伝の内幕』（芙蓉書房出版）●中国のうまさ、日本の外務省の不作為。

『外交の戦略と志』（産経新聞出版）●これぞ、外交官の魂が見える書。

『日本外交を叱る』（TBSブリタニカ）●外務省がいかに無能だったのか。

『中国ODA6兆円の闇』（祥伝社黄金文庫）●中国支援の実態。日本の愚かさ。

『習近平帝国の暗号　2035』（日本経済新聞出版）●習近平の歩みと党内の反応の変遷。

『真実の満洲史［1894―1956］』（ビジネス社）●満洲とは何だったのか、第一人者の書。

『中国がひた隠す毛沢東の真実』（草思社）●大政治家なれど、一種の狂人!?

『シナ大陸の真相』（展転社）●当時の日中間の姿がわかる。

『アメリカは尖閣を守るか』（朝日新聞出版）●アメリカに全面依拠は亡国への道。

『「反日」で生きのびる中国』（草思社）●中国共産党の思惑と生きる道。

『習近平王朝の危険な野望』（さくら舎）●習近平の野望とは第二の毛沢東になることか？

『中国の歴史認識はどう作られたのか』（東洋経済新報社）●歴史は史実ではなく、政治で作る。（一読の価値あり、面白い）

『毛沢東、鄧小平そして江沢民』（東洋経済新報社）●3人それぞれの軌跡。

『中国はいかに国境を書き換えてきたか』（草思社文庫）●戦後の中国共産党の侵略の軌跡。

<著者略歴>

美達大和（みたつ・やまと）

1959年生まれ。無期懲役囚。刑期10年以上の受刑者が収容されるLB刑務所に服役中。これまでに8万冊以上の本を読破し、現在でも毎月100冊以上の本に目を通す。ブログにて、ブックレビューを発表。その冷徹かつ詳細な分析は、和製レクター博士とも言うべき鋭さを持つ。本書では、その独特の眼光で、中国共産党の邪悪な思考を初めて読み解く！　著書に『人を殺すとはどういうことか』『死刑絶対肯定論』（ともに新潮社）、『ドキュメント長期刑務所』（河出書房新社）、『私はなぜ刑務所を出ないのか』（扶桑社）、『人生を変える読書』（廣済堂）、『女子高生サヤカが学んだ「1万人に1人」の勉強法』（プレジデント社）、『日本と韓国・北朝鮮 未解決問題の真実』（育鵬社）。小説では『マッド・ドッグ』（河出書房新社）、『塀の中の運動会』（バジリコ）、『牢獄の超人』（中央公論新社）がある。

支援者たちが運営する「無期懲役囚、美達大和のブックレビュー」のブログURL

http://blog.livedoor.jp/mitatsuyamato/

中国共産党大解体

2021年11月12日　　第1刷発行

著　者　美達 大和

発行者　唐津 隆

発行所　株式会社ビジネス社

〒162-0805　東京都新宿区矢来町114番地 神楽坂高橋ビル5F

電話　03(5227)1602　FAX　03(5227)1603

http://www.business-sha.co.jp

〈装幀〉上田晃郷

〈本文組版〉メディアタブレット

〈印刷・製本〉中央精版印刷株式会社

〈営業担当〉山口健志

〈編集担当〉本間肇

ISBN978-4-8284-2341-8